나는 오늘도
국경을 만들고 허문다

일러두기

- 이 책은 저자 강주원의 서울대학교 대학원 인류학과 박사학위 논문 「중·조 국경도시 단둥에 대한 민족지적 연구: 북한사람, 북한화교, 조선족, 한국사람 사이의 관계를 통해서」(2012) 그리고 학술지 「역사문화연구」(2013, 제45집)의 「중·조 국경의 다층적 의미」, 「현대중국연구」(2013, 제14집 2호)의 「삼국(북한, 중국, 한국) 무역의 중심지로서의 중국 단둥」, 「재외한인연구」(2013, 29호)의 「중국 단둥에서 네 집단의 삶의 궤적」, 「통일문제연구」(2013, 상반기호)의 「한국어를 공유하는 네 집단의 국민·민족 정체성의 지형」 등(이상 소논문)을 토대로 저자와 글항아리 출판사가 기획 취지에 맞게 재구성 및 추가한 내용을 담았다.

- 이 책에 수록된 사진은 2006년부터 2013년까지 저자가 현장연구 과정에서 직접 촬영한 것이다.

- 이 책에서는 현지어를 최대한 반영했으며, 인용문은 원어를 살리는 것을 원칙으로 했다. 본문에서 현지어를 쓰는 경우와 다른 연구자들이 언급한 명칭을 임의로 바꾸지 않기 위해, 문맥과 연구 속 상황에 따라 두 단어를 동시에 사용했으며, 괄호 안에 표기하는 방식을 택했다.

  예) 조선반도(한반도), 국가여유국(관광국), 접경(국경), 변경(국경), 변경도시(국경도시), 변경무역(국경무역)

- 국가 및 네 집단의 명칭은 약칭과 가나다순으로 나열하는 것을 원칙으로 했다. 가나다순에 어긋나는 예는 본 연구가 중국의 국경지역을 다루고 있다는 점을 참고한 중조 변경(국경)이 있다.

- 이 책에서는 조선민주주의인민공화국, 중화인민공화국, 대한민국이라는 국가의 공식명칭보다는 약칭인 조선, 중국, 한국으로 표기했다. '조선'이란 명칭은 대부분 그대로 표기했지만 '조선(북한)' 혹은 '북한'으로 표기한 부분도 있다. 이런 맥락 아래 조선사람과 조선화교 또한 본문에서는 북한사람과 북한화교로 표기했다. 참고로 조선화교를 북한화교로 통일해 표기한 이유는 단둥에서는 조선화교를 약칭으로 화교 외에 '조교'라고 부르기도 하는데, 1980년대 이전부터 북한 국적을 가지고 단둥에 살고 있는 사람들도 조교라고 불려왔기 때문에, 조선화교를 조교와 구분하고자 북한화교로 표기한 것이다.

- 단둥에서는 한국사람을 제외하고 한국어보다 조선어라는 표현을 주로 사용한다. 하지만 본문에서 한국어란 조선어가 포함된 한국어를 뜻한다. '남북경협' '한중' '북중' 등의 표현은 한국 사회에서 통용되는 예를 참고했으며, '항미원조전쟁'은 '한국전쟁'으로 언급했지만 중국에서 사용되는 예(항미원조기념관)를 설명할 때는 항미원조전쟁 그대로 표기했다. '압록강철교'는 중국식 표현인 '압록강단교'로 표기했지만, 한국전쟁 이전 시기의 다리를 의미할 때에는 압록강철교로 표기했다.

- 무역과 관련해서 '대북사업' '국경무역' '중조 무역' '남북 무역' '삼국 무역'이라는 용어가 나오는데, 우선 대북사업은 북한과 관련된 사업 또는 무역을 뜻한다. 일반적으로 국경무역은 국경지역의 한정된 공간에서 이뤄지는 무역을 의미하며, 엄밀하게 중조 국경무역과 중조 무역은 다른 개념이라 볼 수 있다. 하지만 이 책에서 중조 국경무역은 단둥에서 행해지는 중조 무역과 남북 무역을 포괄한다. 남북 경협 대신에 남북 무역이라 표기한 경우는 남북경협에는 일반적으로 남북 외의 공간에서 무역이 이뤄지는 때를 상정하지 않는 경향이 있음을 감안한 것이다. 그리고 삼국 무역은 단둥에서 네 집단의 관계 맺음을 통해서 이루어진 무역을 의미할 때로 한정했다.

- 이 책에서 네 집단은 북한사람, 북한화교, 조선족, 한국사람을 말한다. 반면 단둥사람은 단둥에 살고 있는 중국사람과 네 집단을 포함한다.

- 본문에 언급된 중국 지명은 대부분 외래어표기법을 따랐다. 단둥의 경우, 기존에 발표된 연구자들의 논문 제목에는 단동으로 표기되어 있다.

Arcade Project
아케이드프로젝트
003

나는
오늘도
국경을 만들고 허문다

국경도시 단둥을 읽는 문화인류학 가이드

강주원

글항아리

아케이드 프로젝트는 한 편의 논문을 단행본 교양서로 펴내는 '원 페이퍼 원 북one paper one book' 시리즈다. 대개 논문 한 편은 그 분량이나 주제의 측면에서 한 권의 책에 미치지 못한다고 생각하는 것이 일반적이다. 하지만 아케이드 프로젝트는 그런 고정관념을 깨고 잘된 논문의 깊이 있고 첨예한 문제의식을 경량화한 그릇에 담아 시대를 해석하고 대중과 소통하는 일에 적극적으로 활용하고자 한다.

대학에 논문 중심의 업적평가제도가 자리잡으면서, 매해 수천 편의 논문이 다양한 지면을 통해 발표되고 있다. 석사 이상의 학위를 가진 많은 연구자가 매해 한 편 이상의 논문을 써내며 엄청난 논문이 재빠른 속도로 쌓여가고 있지만, 정작 논문 생산에 쏟아붓는 에너지의 극히 일부조차 그것이 읽히고 담론화되는 것에는 쓰이지 않는 실정이다. 오늘날 한 편의 논문은 학술대회에서의 발표와 토론, 학술지 심사위원과의 토론과 수정 등 생산 과정에서 주고받는 의견 교환을 제외하면 대중에게 거의 노출되지 않고, 한 사회의 지식담론에 기여하는 통로가 철저히 차단되어 있다.

국가 주도의 학술지원 시스템이 문제라는 얘기는 해마다 되풀이되고 있지만 정작 해결책은 쉽사리 찾아지지 않는다. 논문에 대한 질적 평가제도 구축, 논문을 쓰는 데 더 많은 시간이 투여되어야 한다는 등의 주문과 모색은 시간이 지나도 쉽사리 현실화되지 않고 있다. 더 본질적인 문제는 좋은 논문을 '쓴다'에만 시선을 기울이지 그것이 읽히고 공론화되는 문제는 전혀 논의조차 되지 못한다는 것이다.

오늘날 인문학 출판사들은 갈수록 어려운 글을 기피하는 대중과 양질의 인문서를 집필할 시간이 없는 저자들 사이에서 엉거주춤한 모양새를 취하고 있다. 한 사람의 저자가 하나의 주제를 깊이 있고 흥미롭게 파헤치는 책은 내기 힘들어지고, 여러 사람이 쓴 여러 관점의 글을 단순하게 묶어서 낼 수밖에 없는 현상이 되풀이되면서 학술 출판에 대한 대중의 외면과 출판인들 스스로의 자괴감은 깊어지고 있다. 국내 대부분의 인문학 출판사들은 국내 저자들의 저서를 통해 존립할 수 있는 자생력을 잃어가고 있으며 이는 번역서에 대한 심화된 의존과 몇몇 유명 저자에 대한 쏠림 현상을 빚고 있다.

상황이 이렇다보니 의미 있는 문제의식을 가진 잠재적 저자군은 논문 쓰기에 지쳐가고, 몇몇 유명 저자의 인기몰이를 지켜보면서 상대적 박탈감마저 느낀다. 인문학 출판사들 또한 저자 확보에 대한 과도한 경쟁과 대중의 유행에 맞게 인문학에 알록달록 옷을 갈아입히면서 스스로 문사철의 결기를 흩어놓곤 한다.

'아케이드 프로젝트'는 이런 시스템적 불협화음에서 작은 해결의 실마리를 찾아 인문학 부활을 시도하는 하나의 작은 노력이다. 학계의 주목할 만한 논문 한 편을 책 한 권에 담아 맛있게 내놓음으로써 학계와 독자 사이에 새로운 가교 역할을 해보고자 한다. 기존의 무겁고 어렵고 딱딱한 학술서 이미지를 탈피하고 가볍지만 날렵한 문제의식으로 유기적인 지식담론을 창출하고자 한다. 그럼으로써 논문 쓰기와 책 저술이 별개의 행위가 아니라는 인식을 널리 공유하고자 한다. 앞으로 '아케이드 프로젝트'가 고비용 저효율의 지식생산 시스템에 작은 스파크로 작용해 우리 사회 다양한 영역의 폭넓은 문제에 발 빠르게 대처하고 인문학의 동시대적 고민을 보다 집중력 있게 해나갈 수 있기를 기대한다.

글항아리 편집부

"단동이 어디인가. 수많은 조선사람이 만주로 드나드는 관문 같은 곳이고 신의주에서 압록강철교를 건너자마자 닿는 곳이다. 수많은 장사꾼들과 고향을 떠나 먹고살기 위해서 신천지 만주에서 조선으로 들어오는 독립단들도 불온분자도 숨어 있고 반대로 국내 공작을 위해서 만주에서 조선으로 들어오는 독립단들도 많았다. 단동이야말로 이들 통로 가운데 급소와도 같은 곳이었다."

– 황석영, 『강남몽』 중에서

Arcade Project **003**   차례

단지 남한 사람으로서 북한 또는 탈북자에 대한 막연한 동정과 동포라는 인식만 가지고 있던 연구자에게 연변의 탈북자들은 너무나 낯선 존재였다. 연변의 뒷골목에서 혹은 산 속 움막에서 만난 그들은 연구자인 나와는 다른 삶을 살고 있는 사람들이었다. 두만강 바로 옆에서 하룻밤 새우잠을 자면서 두려움 반 호기심 반이었던 연구자와 같은 강을 두고 목숨을 걸고 넘어오는 사람들 사이에는 분명 이해할 수 없는 경험의 폭이 존재하고 있었다. [1]

중국과 조선의 국경(이하 중조 국경)에 대한 첫 경험으로 이야기를 시작해보고 싶다. 2000년, 대학원생이던 나는 "전우의 시체를 넘고 넘어~"라는 노래를 여전히 기억하고 있었다. 남북정상회담이 성사된 그해 초여름, 북한과 중국 사이 두만강 지역에서의 어떤 경험을 통해, 나는 처음으로 진지하게 '국경'이란 무엇인가를 생각해봤다.

중조 국경 너머 보이는 북한 땅을 응시하는 가운데, 동행한 50대 초등학교 선생은 눈물을 흘렸고, 운동권을 자청하던 386세대 선배는 분노했으며, 대학생들은 담담한 반응을 보였다. 국경을 앞에 두고 제각각 다양하게 반응하는 그들을 관찰하며, 나는 스스로에게 '그들이 상상하는 국경의 이미지는 무엇일까? 그것은 어떻게 재현될까?'라고 물었다. 한편 두만강을 바로 옆에 둔 어느 조선족 소학교

교장의 말은 국경에 대한 상상력을 자극했다.

> 탈북자 문제가 본격화되기 전에는 그동안 저쪽 두만강 건
> 너편에 있는 무산 지역과 활발한 왕래가 가능했죠. 밤에
> 는 양쪽 마을 청년들이 서로 만나 술 한잔하면서 친구로
> 지내고 누구네 집에 있는 밥숟가락 숫자도 알 정도였으니
> 까. 조그만 다리를 하나 두고 저쪽에도 우리 친척이 있으
> 니까 왕래하는 일은 아주 자연스러웠는데, 요즘 한국사
> 람들이 여기에 자주 오니까, 오히려 우리 행동이 자유롭
> 지 못하게 되었어요.

일행과 잠시 떨어져 나는 한국사람이 만들어놓은 두만강변 내
탈북자 은신처를 찾아갔다. 도착한 순간 (조선족 출신의) 한 남자가
유유히 두만강을 건너 북한 땅으로 사라졌다가 잠시 뒤 내 앞에 나
타났다. 그는 레드콤플렉스로 무장한 내게 단지 물물교환의 목적
으로 두만강 너머에 다녀왔다는 말을 매우 쉽사리 꺼냈다.

그뒤 한 달간 연변 지역의 탈북자와 관련된 현장연구를 진행하면
서, 과연 북한사람과 조선족은 국경을 어떤 의미로 기억하며 상상
하는가, 그들은 국경을 넘나들면서 구체적으로 어떤 경험을 하는가
는 중요한 관심사가 되었다. 현장연구를 마치고 한국으로 돌아왔을

때, 여전히 언론과 학계는 두만강을 한국사람이 넘어갈 수 없는 또 하나의 국경이란 이미지로 만들어나갔다. 이들은 '국경 만들기'에만 주목할 뿐 북한사람과 조선족 사이에 체현된 '국경 넘나들기'의 삶은 무시하고 있었다.

2004년부터 2005년까지 예비연구를 한 뒤, 그다음 해 나는 단둥丹東을 박사논문 연구지역으로 택했다. 많은 이유가 있었지만 그중 하나는 '한국성'이라는 명칭을 내건 아파트 단지가 단둥 시내의 노른자 위치에 건설되고 있는 모습을 봤기 때문이었다(그 당시 북한과 국경을 맞대고 있는 중국 국경도시의 중심가에 위치한 한국성은 내게 신선한 충격이었다). 또 다른 이유는 중국이 한국전쟁을 우리와 다르게 인식·표현하고 있음을 반영한 '항미원조기념관'이 단둥 시내와 신의주를 조망할 수 있는 곳에 자리잡고 있다는 점이었다. 중국 농민을 연구한 김광억은 "일 년도 훨씬 지나서야 나는 비로소 중학교 교과서에 아직도 북한만이 존재하고 있었고, 고구려나 발해의 역사 대신에 항미원조만이 기재되어 있다는 사실을 접할 수 있었다"고 했다.[2] 이런 맥락에서 북중 관계만이 있던 곳에 한국성 아파트 단지가 있고 한중 교류가 활발한 시기에 여전히 존재하는 항미원조기념관은 한국사람인 나의 시선을 사로잡았다.

예비연구 당시 숙박했던 민박집의 아침식사 시간은 조선족 민박집 주인의 대북 무역 경험담을 듣는 기회였다. 한국에서 온 민박집 투숙객은 단둥에 대해 아무것도 모르던 내게 조선족 거리를 안내해줬고, 북한사람과 조선족이 연관된 자신의 무역 경험담을 말해주면서 동참하기를 권했다. 이 같은 예비연구의 단편적 경험을 염두에

한국성과 항미원조기념관이 공존하는 공간, 단둥

두면서, 2006년에는 '현장 들어가기'를 시도했다. [3]

2012년 8월, 나는 이 책의 바탕이 된 박사논문 [4]을 제출했고, 그 뒤 수시로 단둥을 방문중이다. 때로는 연구 목적으로, 때로는 관광 가이드 자격으로 나는 단체 여행객과 함께 인천에서 비행기를 타거나 배에 몸을 싣는다. 이른바 '통일여행'을 떠나면서 나는 그들에게 여행 테마와 관련해, "여러분이 단둥과 북한에 대해 갖는 선입견과 인식에는 무엇이 있을까요? 앞으로 경험하게 될 내용이 여러분이 평소 가져왔던 생각과 어떻게 다른지 생각하는 여행이 되었으면 좋겠습니다"라는 화두를 던진다.

여행 기간 내내, 나는 여행객에게 내가 알고 있는 단둥과 네 집단의 이야기를 풀어놓는다. 여행 일정에는 지금은 지인과 벗이 된 단둥사람과 만날 기회가 들어 있기도 하다. 단둥에 밤늦게 도착한 여행객은 아침에 일어나 신의주에서 떠오르는 일출을 지켜보고 압록강을 살며시 감싸는 듯한 물안개도 구경한다. 그들은 호텔 조식을 먹으면서, 옆 테이블에서 식사하는 사람들이 북한사람이라는 것에 애써 태연한 척하기도 한다. 본격적인 여행이 시작되면, 그들은 단둥 거리와 압록강변에서 한국 사회와 연관된 과거와 현재를 만나게 된다. 북한 식당에서 북한 여종업원의 공연을 본 뒤에는 마음이 복잡해져 여러 생각에 잠긴다. 그리고 나서 밤안개가 자욱한 압록강변에서 통일의 염원을 담은 소원등을 신의주로 날려 보낸다. 그

MEMO 1 연구와 일상에서 맺은 소통의 고리

"연변의 현장연구 이후 남한 사회에 정착하기 시작한 탈북자들과의 만남은 계속되었다. 이는 현장연구를 위한 만남이 아닌 일상적인 만남의 연속이었다. 이 과정에서 남한 출신인 연구자와 북한 출신인 탈북자는 차이의 경계를 넘어서는 남한 사회의 삶 속에서 느끼는 공통적인 요소를 발견하였다. 이는 바로 이유는 각기

리고 내가 여행을 떠날 때 던진 화두를 안주 삼아 밤새도록 술잔을 기울이며 생각을 나눈다.

'인류학자'로서의 현장연구가 담긴 박사논문이 뼈대인 이 책은 '관광가이드'라는 직업을 가진 내가 통일여행을 꿈꾸는 독자들에게 전달하고 싶은 내용으로 재구성되었다. 비록 함께 여행을 떠나지는 못하지만, 독자들이 이 책을 통해 낯선 공간인 압록강과 단둥의 모습을 진지하게 확인하고, 또 다른 한국 사회를 만나는 계기로 삼았으면 한다. 아울러 책에 녹아 있는 네 집단의 삶 속 궤적을 따라가면서 우리가 그동안 어떻게 살아왔는지를 뒤돌아보는 기회로 삼길 바란다. 더 나아가 북한, 중국, 한국 간 관계를 직시하는 눈을 키우고, 세 나라가 더불어 살아가는 방법이 무엇인지를 고민하는 출발점으로 이 책을 활용해줬으면 좋겠다.

그렇게 된다면 근 10년 동안 인류학의 시선으로 단둥과 네 집단 그리고 통일의 그림만을 생각했던 나로서는 행복할 것 같다. 이제 나는 독자들의 여행 벗이 되어 함께 이야기하기를 꿈꾼 채, 조심스럽고도 신중하게 '안보여행'이 아닌 '통일여행'으로 독자 여러분을 초대한다.

다르지만 연구자는 시골에서 서울로, 탈북자는 북한에서 남한 사회로 각자 또 다른 삶을 준비하고 있다는 점이다. 즉 우리는 주변에서 태어나 중심에서 살아가는 방법을 배우며 살고 있다는 소통의 고리를 가지게 되었다."

_강주원, 「남한 사회의 구별짓기」(2006) 중에서

인류학자,
국경도시 단둥을
읽다

국경 만들기와
국경 허물기
·
·
·
·

1953년 7월 27일, 한국전쟁의 휴전 협정이 발효되었다. 그뒤 '휴전
선'이라는 이름의 군사분계선이 생겨났고 이는 곧 단절의 상징이 된
다. 비무장지대를 가로지르는 철조망 휴전선은 한국사람이나 북한
사람에겐 넘어서는 안 될 벽이었다. 휴전선 내에 사람이 자유롭게
왕래할 수 있는 곳은 없다. 이처럼 국경과 국경지역은 삼엄한 이미
지를 생산한다.

그러나 21세기 전후로 국경이 가지고 있던 이미지에 균열이 생기
기 시작했다. [5] 한국 사회에서도 휴전선에 대한 다양한 층위가 생긴
것이다. 판문점과 임진각, 이산가족 상봉, 탈북자, 금강산 관광, 개
성공단(관광) 그리고 노무현 전 대통령이 (휴전선을 넘어) 정상회담을
열면서, 휴전선은 단지 넘어선 안 되는 국경이 아니라 언제든 허물
어질 가능성이 있는, 넘나들 수 있는 곳으로 인식되기 시작했다.

2010년 한국 정부는 DMZ(비무장지대)를 세계적인 관광지로 조
성하겠다고 발표했다. 그러나 우리는 같은 해 천안함 사건과 연평도
포격이 휴전선 가까이에서 벌어지는 장면을 목도하게 된다. 휴전선
은 다시 얼어붙었지만 국경에 대한 또 다른 논의가 한국 사회에서
활발해졌다. 이제 국경은 '물리적' 국경이 아니라 '관념적' 국경의 차
원으로 확장된다. 가령 2010년 KBS에서는 FTA와 관련해 "한국의
경제 영토가 넓어지고 있다"는 광고를 방영했다. 국가 간 경제활동
과 교류가 국경을 허물고 있다는 것이다.

이와 같이 국경을 바라보는 시선은 상반되며, 각 시대의 사회적 맥락에 따라 국경의 의미는 달랐다. 이러한 맥락에서, 한국 사회와 연관된 또 하나의 국경이 있는데, 바로 압록강과 두만강이 국경으로 간주되는 중조 국경이다. 이 국경을 바라보는 시선 또한 단순하지 않은 가운데 그곳이 북한과 중국이 만나는 지점임에 주목할 필요가 있다. 중조 국경은 또한 휴전선이라는 폐쇄된 국경의 연장선상에서 바라볼 수 있는 곳이다. [6] 2008년 『조선일보』는 「천국의 국경을 넘다」라는 기획을 통해 중조 국경지역에서 활동하는 탈북자를 다뤘다. 이 제목은 단지 폐쇄된 이미지로 각인된 중조 국경의 단면만을 다룬 느낌을 준다. 실제 내용상으로도 중조 국경을 왕래하는 북한사람의 존재가 빠져 있었다. 중조 국경지역의 화두는 탈북자뿐만이 아니다. 북한사람이 있고 한국사람도 있으며 조선족과 북한화교도 있다. 이들 간의 연결 고리를 더듬으면 우리는 또 다른 삶을 만나게 될 것이다.

해석되고 있는가

국경은 어떻게

모리스–스즈키는 연구자들이 국경을 방위防圍되고 법에 의해 분절되거나 침해받은 장소로만 보지 않는다. [7] 그녀는 이러한 국경에서 살고 있는 사람들의 생활을 고찰함으로써, 국경 안의 국민 정체성과 더불어 국경을 사이에 두고 넘나드는 사람들의 혼종성hybridity에 초점을 맞출 것을 제안한다. 로살도는 국경이 남부 텍사스에 어떻게 침투해 들어왔는지 주목한다. 그는 국경지역을 국경 갈등 그리고 문화와 정치가 복잡하게 뒤얽혀 있는 영역, 이질적이고 바뀌어가는 이웃을 쉽게 포함하는 공간으로 인식한다. [8] 박준규는 금강산 국경관광을 "무대화된 진정성"의 개념으로 해석하고 국경을 "사라지는 분단선, 강화되는 문화 경계선"으로 규정한다. [9] 그는 국경을 상징화하는 요소(출입 개념·절차, 심사 과정, 여권과 비자, 조선 국호 도장, 정치적 문제와 관련된 관광객의 주의사항, 국경 넘기 체험, 북한 군인과의 만남)들이 관광객의 정체성뿐만 아니라 국경에 대한 관광객들의 인식에 어떻게 작동하는지 분석한다.

2000년대 들어 한국 사회는 한국어로 정체성을 드러내는 단일민족 국가라는 믿음이 도전받는 시대에 살고 있다.[10] 조선족, 탈북자 그리고 수많은 외국인은 한국어를 능숙하게 구사하며, 한국사람과 함께 살아가고 있다. 다만 한국어를 공유한다 할지라도 국민과 민족이라는 다양한 정체성을 지닌 사람들과의 만남이 아직까지 조금은 낯설다. 이러한 양상은 해외라고 다르지 않다. 해외한인 700만의 시대, 한국어를 공유하는 여러 집단이 각자의 정체성을 유지하면서 함께 거주하는 지역을 발견하기란 어렵다.[11]

그러나 그런 곳이 있다. 북한과 중국의 국경이 있는 도시 단둥. 이곳에는 여러 정체성을 가진 네 집단이 어울려 산다. 북한사람, 북한화교, 조선족, 한국사람으로 구성된 네 집단은 한국어를 공유하고 있다. 하지만 그들은 때로는 같은, 때로는 다른 국민과 민족으로 서로를 인식하며 살아간다. 아울러 단둥의 네 집단은 국경이라는 공간적 한계가 주는 영향력 또한 일상에서 체감하며 살아가고 있다. 단둥은 1990년대 전후로 국경을 향한 다양한 인식과 실천이 나타나기 시작했고, 국경에 대한 다양한 읽기, 만들기, 허물기, 넘나들기가 시도되었다는 맥락 아래 주목해야 할 도시다.

이처럼 국경을 연구하는 데 관심이 되는 사항은 단둥에 집약되어 있다. 특히 중조 국경을 활용하는 네 집단의 생활방식에는 국경을 향한 인식과 그 변화가 고스란히 표현되고 있다. 단둥의 중조 국경과 네 집단은 국경과 관련된 세계화 문제나 국민·민족 정체성 등을 분석할 대상으로도 의미를 갖는다. 국경과 관련된 한국 사회의 역사적 흐름과 연구지역인 단둥의 관계를 규명하는 작업 또한 가볍게 지나칠 수 없다. 단둥은 북한, 중국, 한국이 만나는 장으로서, 단둥에 거주하는 네 집단은 국경을 넘나들며 서로 복잡다단한 관계를 맺고 있다. 그곳에서 국경의 의미는 끊임없이 변하는 가운데 국경은 넘나들 수 있는 곳이자 장벽으로 기능한다.[12]

단둥에 들어갈 때는 의문을 품어야 한다. 과연 단둥에서 국경은 어떤 역할을 할까? 단둥에서 국경을 매개체로 삼으며 살아가는 사람들이 맺는 관계의 구체적인 지형은 무엇일까? 이 지역에서 사람들이 인식하는 국경 혹은 국경과 관련된 행위는 도대체 무엇을 의미할까? 단둥의 국경은 기존의 국경에 대한 위치·의미·성격과 어떤 변별점을 갖는 것일까? 한편 중조 국경의 특수성은 네 집단의 삶에 어떤 영향을 미치고 있는가? 그들은 중조 국경뿐만 아니라 한중 국경을 삶의 수단으로 어떻게 활용하는가? 단둥에 속한 세 국가(북한, 중국, 한국)의 관계는 국경무역과 국경관광을 통해서 어떻게 연결되고 교차되는가? 이 긴 의문은 단둥에서 살아가는 네 집단을 이야기하기 위한 시작점이다.

중조 국경은 삶의 도구이자 현장

국경은 때로는 느슨하면서도, 팽팽한 긴장감에 휩싸이기도 한 곳이다. 네 집단은 그런 특성을 고스란히 지닌 중조 국경의 변화를 이용할 줄 안다. 단둥의 네 집단은 중국의 국경지역에 살고 있을 뿐만 아니라, 국경과 관련된 생활을 하고 있다. 그들은 삶의 수단인 국경무역과 국경관광에 종사하면서 중조 국경을 활용한다. 국가 권력이 작동하는 중조 국경은 네 집단의 생활방식과 수단에 영향을 준다. 무엇보다 국경은 정체성의 기준이 된다. 네 집단은 각각 북한, 중국, 한국이란 세 나라의 국민 정체성을 유지하면서 중조 국경 혹은 한중 국경을 넘나드는 삶을 살고 있다. 이는 1990년대 전후에 시작되어 지금도 진행중이다. 2000년대 접어들어 중조 국경을 상징화하는 요소들이 강화되고 있다. 이러한 상황에서 네 집단은 그들이 처한 국민적·민족적 조건에 따라 중조 국경을 직간접적으로 넘나든다.

네 집단이 불법으로 간주되는 경제활동만을 하는 것은 아니다. 그들은 공유지역이 존재하는 중조 국경에서 자신만의 방식대로 합법과 편법의 양편을 오간다. 이 과정에서 '국경 약화'에 대한 시도도 있지만 '국경 강화'라는 측면을 적극적으로 활용한 무역과 관광 방식을 전략적으로 선택하기도 한다. 이상의 내용에서 보듯, 1990년대 전후부터 중조 국경은 북한과 중국의 국경 역할과 더불어(한국이 포함된) 삼국이 걸쳐 있는 국경으로 역할상의 변화가 일어났다.

단둥 읽기를 위한 준비

국경하천인 두만강(약 547킬로미터)과 압록강(약 806킬로미터)을 사이에 두고 북한과 국경을 맞대고 있는 중국의 주요 도시는 단둥[13],

지안集安, 창바이長白, 투먼圖們, 훈춘琿春 등이다. 이 가운데 단둥은 2000년대 전후, "중국 최대의 변경(국경)도시"라고 지칭된다. 이 문구는 중조 국경지역에 위치한 단둥의 위상을 상징하는 의미로 선전·각인되고 있다. 또 단둥은 연변沿邊·연해沿海·연강沿江이라는 삼연三沿의 지리적 특성으로도 설명된다(연변이라 하면 국경이나 강 등을 끼고 경계지어진 땅을 말하고, 연해라 하면 육지와 가까운 바다를 뜻하며, 연강은 강가를 따라서 벌여 있는 땅으로 여기서는 압록강과 면해 있음을 뜻한다). 삼연의 지리적 특징을 가진 또 다른 도시를 들자면 신의주일 것이다. 단둥과 신의주는 국경, 서해, 압록강을 사이에 두고 마주한다. 달리 표현하면, 서해와 압록강에는 단둥과 신의주의 경계 역할을 하는 국경이 존재한다는 것이다.

나는 우선 이 책에서 단둥과 신의주가 형성된 시기인 1905년 전후와 중조 국경조약 시기인 1960년대에 대해 간략히 언급했으며(7장 서플먼트 3 '태동을 함께한 단둥과 신의주' 참고), 중조 국경 및 국경지역에 대해서는 1980년대 전후부터 서술하고자 한다. 따라서 이 책이 중점적으로 다루는 시대적 범위는 단둥에서 네 집단이 관계를 형성하며 살기 시작한 1990년대 전후부터 2012년까지다.

한편 중국과 한국의 시 개념과 범위에 대한 혼선[14]을 줄이기 위해, 나는 단둥, 단둥 국경지역, 단둥 시내를 중심으로 반경(동서) 50킬로미터 전후이자 압록강 및 중조 국경 주변의 중국 국경지역을 의미한다면, 단둥 시내는 도시적 특성(주거 밀집)이 나타나는 곳이자, 단둥 시내에 팔리고 있는 관광지도에 표현되고 있는 지역을 지칭할 때로 한정했다. 이는 압록강 하구 바다 경계 부분을 제외한 중조 국경은 1344킬로미터이기 때문이다. [15] 따라서 앞으로 이 책에서 중조 국경은 좁게는 단둥과 신의주 국경지역 사이의 국경을 의미한다.

단둥과 신의주 사람들은 압록강, 그리고 베란 그리고 해 떠만을 공유하지 않는다. 그들은 국경을 넘나들면서 삶을 공유하고 있다.

네 집단은 단둥에서 각각의 삶을 추구하기보다는 유기적인 관계 속에서 살아가고 있다. 먼저 북한사람은 북한 국적을 유지한 채 경제적 목적을 위해 오랫동안 거주하거나 단기 출장을 온 사람들이다. 그들은 단둥에 살고 있지만, 중조 국경을 통해 다시 북한으로 돌아갈 계획을 가지고 있다. 북한화교는 고향은 북한이지만 국적은 중국 국민이다. 그들은 북한을 떠났지만 경제활동을 위해 중조 국경을 넘나들면서 새로운 삶을 추구하는 사람들이다. 조선족은 중국 국적으로 단둥이 고향이거나 중국의 타 지역에서 태어났다. 그들은 중조 국경 혹은 한중 국경을 활용해 경제적 이익을 꾀한다. 그리고 여기에 역시 경제적 목적을 위해 국경을 활용하는 한국사람이 있다.

이와 같이 네 집단 사람들은 국민·민족의 정체성이 겹치거나 다르다. 하지만 무엇보다 그들을 둘러싼 중요한 공통점은, 단둥에서 살아가는 이유와 의미가 비슷하다는 것이다. 네 집단 사람들 대부분 경제적 동기와 이윤 추구 때문에 중조 국경 혹은 한중 국경을 넘어 단둥에 온다. 그들은 중조 국경을 경제적 부를 획득할 수 있는 수단으로 인식한다.

각 집단이 단둥으로 이주한 시기를 좀 더 구체적으로 살펴보면, 북한사람은 1980년대 이후 취업을 목적으로 1~2년 혹은 2년 넘게 거주하는 사람과 출장차 오는 사람 또는 탈북자가 아닌 불법 체류 성격이 강한 단기 체류자가 대다수를 이룬다. 그리고 국경무역과 관련해 국경을 매일같이 오가는 사람들도 있다. 북한화교는 1990년 대 전후 주로 북한에서 단둥으로 이주한 사람들이다. 그들은 1년에 한 번은 북한에 갔다 오는 사람과 수시로 중조 국경을 넘나들며 사는 사람들로 나누어진다. 또 북한화교 신분을 포기하고 중국 국민으로 살면서 국경무역에 종사하는 사람들도 있다.

조선족은 1990년대를 전후해 단둥 토박이와 중국 타 지역에서 이주해온 조선족으로 구분된다. 여기에는 취업을 목적으로 한국에 거주하다가 중국으로 돌아와 단둥에 정착하는 사람들도 있다. 한국사람은 약 1992년 전후 또는 2000년 이후 거주한 사람들이 주를 이룬다. 이들은 단둥과 한국을 수시로 왕래하면서 두 나라의 삶을 병행하기도 한다.

거주 기간을 기준으로 네 집단을 다시 분류하면, 북한사람과 한국사람은 언젠가는 돌아갈 북한과 한국을 생각하며 살고 있는 반면, 북한화교와 조선족은 단둥을 앞으로 계속 살아갈 곳으로 생각하며 고유의 터전을 만든다.

네 집단의 직업과 관련된 특징은 그들 사이의 관계 맺음이 바탕이 된다. 다만 북한사람과 한국사람은 상대방의 독자적인 회사에 취직하거나 일과 관련해 상대방의 국경을 직접적으로 넘나드는 일은 하지 않는다. 북한화교와 조선족은 다른 집단과 상관없는 일도 직업으로 선택하고 있지만, 자신들의 본업은 그대로 둔 채, 네 집단과 관련된 무역 및 관광업 등을 병행하는 때가 많다. 북한화교와 조선족은 직업 영역에서 서로 겹치는 부분이 많은데, 두 집단은 주로 보따리 장사, 통역, 사업 파트너, 회사원이나 식당·가게 종업원 같은 일을 한다.

이외에도 경제활동상의 목적이 아닌 외교나 교육을 목적으로 단둥에 사는 북한사람, 북한에 주로 살면서 가족을 만나고자 자주 오는 북한화교, 다른 세 집단과 전혀 부대끼지 않고 사는 조선족, 세 집단과의 교류보다는 단지 중국에서 살기 위해 온 한국사람 또한 엄연히 존재한다.

이들을 포함한 네 집단의 규모는 2000년대 이래, 북한사람과 북한화교가 2000명 이상, 조선족이 8000명 이상, 한국사람이 2000명 전후로 추산되고 있다. 조선족이 꾸준히 증가하는 것 외에는 약 10년 동안 큰 변동이 없었다. 하지만 2010년을 기점으로 네 집단 가운데 북한사람의 규모가 변하고 있다. 북한사람들이 단둥의 봉제 공장 혹은 수산물 공장에 대거 취업을 했기 때문이다. 2012년 10월 현재, 단둥사람은 이들의 규모만 1만여 명이 넘는 것으로 파악하고 있다.

현장 속으로

들어가기:
나에게 다가온
세 가지
다른 풍경

2006년부터 2007년까지 나는 압록강변에 위치한 고층 아파트 20층에 월세를 얻어 살았다. 그곳에서는 압록강, 신의주강변, 단둥 시내가 대부분 뚜렷하게 보였다. 아침과 늦은 밤, 창문 너머 보이는 북한, 중국 그리고 이 두 나라의 국경지역인 압록강변이 각기 다른 풍경으로 다가오면서 나의 뇌리를 자극했다. 그러나 단둥 시내에 있는 거주 공간 전체의 의미를 파악하고, 그곳에 사는 사람들의 모습을 참여관찰하기 위한 의도와 현지 여건을 조율하다보니 사정상 거처를 자주 옮기게 되었다. 우선 첫 두 달은 한국사람인 남편과 조선족 아내가 운영하는 민박집 그리고 조선족이 운영하는 자칭 호텔식 민박집에서 묵었다. 이 두 곳은 북한사람이나 북한화교 아줌마를 파출부로 두고 있었으며, 나는 관광객이나 사업차 온 한국사람, 북한화교들과 안면을 틀 수 있었다. 더 나아가 네 집단의 경제적·사회적 위계질서를 파악할 수 있었고, 집단의 구성원이 어떻게 서로 관계를 맺고 살아가는지, 그런 가운데 단둥에서 민박집이 차지하는 위치와 역할이 무엇인지를 알 수 있었다. 그뒤 한국사람이 거의 살지 않거나 새롭게 모여 사는 아파트 등지에 거주하면서 단둥사람 특유의 생활방식에 적응해나갔다. 연구 막바지에는 단둥에 관련된 중요한 정보를 제공한 두 사람의 집이 나의 숙소가 되어줬고, 그로 인해 인포먼트들과 더욱 깊은 이야기를 나눌 수 있었다.

현장연구를 시작하기 전에는 단둥에 거주하는 사람과 아무런 사회적 관계를 맺지 않은 상태였고, 안면 있는 사람이 한 명도 없었다. 일단 지인에게 받은 단둥에 거주하는 한국사람의 핸드폰 번호 하나만을 믿고 이곳에서의 생활을 시작했다. 이런 상황에서 나는 숙소인 민박집을 근거지로 삼고 단둥사람과 친해지고자 오전에는 중국어를 배우는 데 애를 썼다. 그리고 오후부터 단둥 시내와 압록강변을 걸어다니면서 사진을 찍고 이곳저곳을 기웃거렸다. 이 과정에서 단둥의 전반적인 지역적 특성을 익혔고 사람들의 일상을 엿보기도 했다. 저녁때에는 새로운 사람들을 만나고 소개받는 자리에 자주 나갔다. 이런 패턴은 거의 매일 반복되었다.

인연 쌓기:
친구들을
통해 배우다

현장연구를 시작하고 한 달 뒤 우여곡절 끝에 L과 연락이 닿았다. 그는 단둥에서 4년 넘게 산 소위 '대북사업'을 하는 한국사람이었다. 연구상 중요한 정보를 제공해준 L 덕분에 현지 사람들과의 교류 횟수나 친분의 폭이 이전에 비해 크게 달라졌다. L은 첫 만남 이후 식사와 술자리 모임을 거의 매일 주선했고 다양한 사람들이 자리를 함께했다. 이야기를 주고받는 가운데 예비연구 단계에서는 제대로 알지 못했던 북한화교의 존재를 비롯해, 네 집단이 국경지역에서 살아가는 모습에 대해 점점 눈을 뜨게 되었다.

이와 같이 인류학에서 말하는 '라포rapport' 형성 방식처럼, 한 사람을 알면 그 사람이 또 다른 사람을 소개해주는 자리가 계속되었다. 낮밤을 가리지 않고 술자리가 이뤄졌고 늦은 밤이라도 연락이 오면 기쁜 마음으로 달려나갔다. 네 달이 지나고 나서 L은 "이제 자신보다 단둥사람을 더 많이 안다"며 우스갯소리를 하기도 했다.

단순한 연구 대상에서 연구자인 나와 키인포먼트key-informant(주정보제공자) 관계가 시작된 L과 그의 지인은 네 집단의 삶과 단둥 국경지역에 대해 조금씩 자세히 이야기해줬다. 키인포먼트가 된 그들은 그들 자신이 생각하는 중조 국경과 그 국경을 이용한 무역 방식을 설명해줄 뿐만 아니라, 그들 삶의 터전인 무역이 이뤄지는 공간에 동행하자고 먼저 전화를 하기도 했다.

조선족은 참여관찰을 통해 얻을 수 없는 현장연구 이전 시기의 단둥에 대한 이야기보따리를 풀어줬다. 그들과 나눈 대화 속에는 1980년대 전후 신의주사람과 공유했던 압록강에서의 삶을 비롯해, 부모를 따라 신의주에 가서 보따리장사를 했던 경험 덕분에 잘살았다는 이야기, 호산장성이 만리장성으로 변해가는 과정에 대한 목격담, 징검다리가 있던 시절의 일보과 풍경, "압록강에는 국경이 없다"라는 말에 담긴 국경에 관한 그들 고유의 인식이 들어 있었다.

내 하루 일정의 징검다리이자 휴식 공간이었던 L이 운영하는 대북 회사 속 풍경은 본격적인 인터뷰를 하기도 전에 이미 많은 이야기를 들려주는 듯했다. 북한 봉제공장 직원들의 책상 위에 놓인 서류, 벽면에 붙은 단둥-평양 간 국제열차 운행표와 민경련 연락처, 직원들의 통화 내용, 창고에 쌓여 있는 샘플 의류 그리고 직원들의 일을 도와주고자 함께 갔던 봉제공장, 보세창고, 단둥페리의 선적

단둥의 압록강변을 걷다보면
북한사람이 산책하는 모습을
쉽게 볼 수 있다.

2010년을 전후로 남북 관계가
급변하고 있지만, 단둥에서는
10여 곳의 북한 식당이 영업중이다.
이중 2~3곳의 식당은 동시에
500명 이상의 손님을 상대할 수
있고 기본적인 코스 요리는
한국 돈으로 1인당 3만 원 이상이다.
주 고객은 중국사람이다.

현장 등은 중조 국경무역 및 삼국 간 무역이 이루어지는 방식을 몸소 체험할 기회로 다가왔다.

북한화교는 세관 건물 내부까지 안내하면서 북한 입국 절차를 밟는 과정을 설명해줬고, 평양행 열차에 잠시 올라가 북한사람에게 물건을 보내는 모습을 보여주기도 했다. 조선족 거리에서 상점을 운영하는 한국사람이나 조선족은 자신들이 운영하는 상점에서 나와 차를 마시며 상점 안 물건의 유통이 어떻게 전개되는지 말해줬다. 이때 종업원들이 북한사람에게 물건을 파는 모습을 직접 보기도 했다.

여행사 사장인 한국사람을 만난 적도 있었는데, 그는 내게 관광 가이드를 위한 한국 문화 교육을 부탁했다. 그뒤 여행사 사무실에는 내가 쓸 책상이 들어왔고 단둥 내 여러 관광지에서 자주 마주쳤던 북한화교 혹은 조선족 관광가이드는 한국 관광객의 단둥 여행 일정에 함께할 기회를 마련해줬다. 북한화교와 조선족 마담들은 다방에 손님이 없을 때 종종 대북 무역의 경험담을 말하곤 했다. 또 단골손님이 될 정도로 북한 식당과 가게를 찾은 나는 여성 종업원들과도 대화를 자주 나눴다. 조선족과 한국사람은 북한사람과의 사업 상담이나 술자리가 있을 때면 나를 기꺼이 불러줬다.

현장연구의 심화:
관계 맺기의
어려움

참여관찰 현장은 대부분 조선족 거리(조선 거리라고도 한다)에 있었다. 인포먼트가 늘어나면서 연구 궤적을 또 다른 대북 회사 사무실, 봉제공장, 조선족 거리 내 상점, 무역 현장으로 옮기게 되었다. 익숙할 때까지 이 같은 연구 궤적을 반복적으로 따랐다. 점심과 저녁식사를 핑계 삼아 인포먼트를 만나려고 꾸준히 연락했고, 낮에는 그들의 일터를 직접 찾아가기도 했다. 압록강, 압록강대로, 선착장을 포함한 국경 관광지 등은 묵고 있는 숙소에서 그리 멀지 않은 곳에 있었다. 숙소 창가 너머로 관광지들이 보이곤 했다. 철조망이 있는 압록강대로, 일보과를 아우르는 호산장성은 관광가이드 역할을 맡으면서 수시로 찾아갔던 곳이기도 했다.

2007년 초부터는 참여관찰자라는 위치도 중요했지만, 현지 사람들과 더 두터운 친분을 쌓고자 노력했다. 이 시기에 단둥에 있는 한국 교회 측으로부터 예배에 나오라는 권유를 많이 받았지만 나가진 않았다. 그 때문에 네 집단 가운데 한국사람을 많이 만나지 못하는 형편이었다. 이때쯤 우연히 한국 교회에서 존경받는 장로 H와 식사를 하게 되었고, 식사 도중 그분이 나와 동향 사람이자 돌아가신 작은아버지의 소학교 같은 반 동창이라는 사실을 알게 되었다. 그뒤 한국 기독교인이 많은 단둥에서 나는 금세 그분의 '고향 조카'라는 명함을 얻게 되었다.

단둥에는 1997년부터 전 조선족 마을을 연구하는 한국 인류학자들의 가이드이자 인포먼트 역할을 했던 조선족 기자 K가 살고 있었다. 나는 단둥 사회의 인맥을 스스로 조금이라도 파악하고자, K를 처음부터 찾지는 않았다. 6개월이 지나고 나서야 K를 만났는데, 그는 단둥 내 조선족 사회에서 보살로 통했다. K를 만나고 나서 이

전에 알고 지내던 조선족과 다시 인사를 하는 자리가 생겨나기도
했다.

한편 질문을 하게 되면, 농담 반 진담 반으로 "안기부에서 나왔
습니까?"라는 반응이 곧장 나오는 때가 많았다. 이 때문에 인터뷰
를 통해 세세한 질문을 한다는 것이 쉽지 않은 곳이 단둥 국경지역
이었다. 궁금한 점 대부분이 그들의 생업인 국경무역 혹은 국경관
광이라는 점은 연구상의 벽으로 다가왔다.

나는 네 집단의 삶을 연구하면서 그들의 생활 수단 속에 공식
적·비공식적/합법적·편법적인 방식이 공존한다는 것을 알게 되었
다. 그리고 인포먼트가 건넨 이야기에는 외부에서 바라보는 시선과
내부에서 스스로 만든 시선이 뒤섞여 있다는 점을 발견했다. 삼국
의 역학 관계에 중요한 영향을 끼치는 정치·외교 상황이 실시간으
로 속속 단둥에 반영되었다. 네 집단은 한국 뉴스를 통해 단둥의
상황을 접했고 나는 인포먼트가 전달하는 내용이 고스란히 한국
뉴스에 보도되는 것을 지켜봤다. 이 때문에 인포먼트가 언급한 말
을 재검증하고 다른 인포먼트와의 대화를 통해 교차확인cross-check
하는 방법[16]을 택해야 했다.

내가 연구 수행중임을 네 집단 사람들은 알고 있었으나 공식적인
인터뷰나 녹음이 쉽지 않은 상황에서, 나는 화장실 안에 들어가 그
들이 말한 내용을 메모했다. 그들은 내가 왜 화장실에 가는지 눈치
챘고, 그들이 편하게 이야기하게끔 만들려는 내 의도를 충분히 이
해해줬다. 집단 규모에 비해 직접 만났던 인포먼트의 수가 많이 부
족함을 염두에 두었고, 연구 대상으로서의 그들이 말하는 내용 자

체에 대한 분석도 신경썼지만 그들의 말을 좀 더 객관적으로 바라볼 조건도 살폈다. 가령 생애사적으로 그들이 누구이고, 집단에서 어느 정도 위치에 있는지, 어떤 삶을 살아온 사람이 어떤 맥락과 상황에서 어느 정도에 해당하는 이야기를 하는지 파악하는 작업을 병행해나갔다.

정체성 고민하기:
연구자이거나 '안기부 직원'이거나

단둥은 네 집단의 국민·민족 정체성이 때로는 다르게 표출되거나 때로는 서로 맞물리면서 삶의 터전 안으로 스며드는 곳이었다. 그들은 단둥에 오기 전 자신과 다른 집단이 가진 고유의 정체성뿐 아니라, 그밖의 다양한 정체성에서 비롯된 특성이 이곳에서의 삶에 큰 영향을 미치고 있음을 알고 있었다. 네 집단은 상대방의 국민·민족 정체성뿐만 아니라 다양한 정체성에 대한 파악이 필수적이었다. 이런 상황 속에서 나는 매번 인류학 연구를 하러 왔다고 설명했지만, 인포먼트는 내 정체성에 끊임없이 의문 섞인 관심을 보였다.

  참여관찰을 시작할 때, 네 집단 사람들은 나를 중국어를 배우는 학생 혹은 단둥 지역을 연구하는 대학원생으로 여겼다. 반면 북한에서 대방을 운영하는 부모와 친척이 있고, 20~30대가 대다수인 젊은 세대가 단둥 내 국경무역에 종사하는 북한화교를 제외하곤, 네 집단 사람들은 50대 전후의 사람들 대부분이 국경과 연관된 경제활동을 했다. 그들에게 사업이나 국경무역을 하지 않는 30대인 내 처지가 이해될 리 없었다. 나는 그들이 평소에 무엇을 하고 또 무슨 생각거리를 안고 사는지 궁금해 자주 기웃거렸지만, 그들이 백수 처지에 있는 나를 반겨주지 않은 것은 어찌 보면 당연했다.

내 처지는 이곳의 삶에 어울리지 않는 듯했다. 더 나아가 국경지역 내 치열한 삶의 현장이 주는 분위기에 심취해 있던 나를 둘러싼 상황은 마치 어색하고 답답한 옷 같았다. '현지인 되기'라는 고민은 점점 늘어만 갔다.

이때 L이 찾아와 단둥 한글학교 주말교사로 일할 것을 제안했다. 이 계기로 나는 한글학교 선생 자격으로 단둥 내 한국 사회에 이름을 내밀게 되었고, 단둥 사회의 생활인으로서 그 정체성을 다양하게 드러낼 출발점에 서게 되었다. 즉 이 일은 연구 목적 외에도 내가 네 집단을 향해 단둥에 살고 있는 이유와 생계 수단을 설명하는 길이 되었다. 나는 한글학교 월급으로 그 당시 단둥 노동자의 한 달 월급과 맞먹는 금액인 인민폐 600원을 받았다. 그리고 부수적으로 교사라는 지위는 중국 학교에서 네 집단이 친구가 되는 경험을 하던 한국 학생들에게 스승의 위치를 부여해줬다. 아울러 한중 무역과 대북사업을 주로 하고 있는 한국사람을 학부모로 만나는 기회를 제공했다.

현장연구가 시작된 지 6개월이 되던 어느 날, 단둥에서 누가 보아도 안기부(국가정보원의 전 명칭이지만 단둥에서는 안기부라는 명칭이 통용됨)의 정보원 역할을 하고 있다고 인식되던 한국사람을 만나 커피 한잔을 하게 되었다. 그런데 그 사람이 "(정보 수집) 잘할 거라고 생각은 했지만, 정말 잘하는 것 같다"라는 말을 내게 건넸다. 나는 처

음 만나는 사람들에게 꼭 대학원생임을 밝히는 명함과 함께 단둥
에 살고 있는 목적이 연구임을 분명히 말하고 다녔는데, 그 사람의
말은 그간 행한 '연구자의 자기소개와 신뢰 쌓기'[17] 노력이 부질없었
던 것처럼 생각하게 만들었다. 하지만 한편으로 단둥 국경지역에서
무엇을 알고자 하는 것, 궁금한 것이 있다는 것, 질문을 한다는 것
이 한 사람의 정체성을 한쪽으로 판단하는 요소(첩보 활동)로 작동
할 수도 있다는 것을 다시 느끼게 했다.

연구자로서의 나는 어떤 위치에 있으며 그 정체성은 무엇일까를
스스로 따져보는 일도 중요하지만, 네 집단이 과연 나를 어떻게 생
각할까 그 반응을 챙겨보는 일은 연구 자료의 질이나 타당성 측정
차원에서 매우 중요한 과정이었다. 한편 단둥사람에게 나는 한글학
교 교사라는 직함과 더불어, 단둥을 연구한다고 하면서 늘 카메라
를 들고 다니며 끊임없이 사진을 찍는 사람으로 여겨졌다. 덕분에
북한사람을 제외한 나머지 집단이 주최한 행사가 있을 때면 사진
촬영을 해달라는 요청이 들어왔다.

2007년 중반 이후, 네 집단이 바라보는 나의 모습은 각각 달랐
다. 가령 북한화교와 조선족 관광가이드는 자신들보다 더 많이 가
이드 일을 하는 사람, 대북사업을 하는 사람들은 한국 회사의 직원
이지만 주 업무는 '술상무'이거나 그들 자리에 자주 끼는 사람, 한국
사람을 상대하는 북한사람은 한국 회사 사장의 후배이면서 연구자,
단둥페리를 통해 보따리장사를 하는 사람들은 자신들의 일을 자진
해서 도와주는 사람으로 여겼던 것이다. 또한 식당, 안마방, 찜질방
등에서 일하는 젊은 북한화교와 조선족에게 나는 질문이 많은 한

국 손님이었으며, 술집이나 식당을 운영하는 네 집단의 사람들에게
는 단골손님이자 올 때마다 동행하는 사람이 바뀌는 남자였다. 그
리고 한인 교회 성도들은 교회는 다니진 않지만 장로 어르신의 '고
향 조카' 정도로 나를 생각했다.

인류학을 민속학으로 동일시하던 네 집단은 나에게 연구자는 맞
는 듯한데 고유의 전통이나 역사를 연구하지는 않고 매일 사람들
만 만나고 다닌다며 핀잔을 주곤 했다. 그들은 나를 '강주원 선생'
혹은 '강박사'라는 애칭으로 불렀다.

시간이 지나면서 참여관찰자인 나의 정체성은 보다 다양해졌고
만남의 기회도 쌓여갔다. 현장연구가 중반부에 접어들면서 각 집단
사람들은 처음에 귀찮은 사람 혹은 의심스러운 사람으로 여겨지던
내가 그들 삶에 끼어들어도 참아줬고, 그들 옆에 자리를 내줬다. 또
한 그들 삶 속 경험을 공유하는 데 도움을 줬다. 나는 그들을 통해
서 단둥을 보았고, 국경지역의 다양한 층위를 조금이나마 이해할
수 있었다. 아울러 중조 국경지역에서 살아가는 방식을 배울 수 있
었다. 나는 연구대상인 네 집단을 현장연구라는 목적 아래 인위적
으로 접촉하려기보다는 좀 더 편안하고 자연스러운 일상 속에서 만
나고자 애썼다.

MEMO 2 연 구 자 의 정 체 성
김광억은 분단의 산물이라는 정체성을 가진 연구자가 중국을 어떻게 볼 것인지
화두를 던진 적이 있다.[18] 인류학자는 각자 나름의 입장과 정체성(예컨대 연령, 성
별, 인종, 종족적 아이덴티티, 계급적 위치, 식민주의 정권과의 관련성, 개인적 인생 여정 등)
을 가질 수밖에 없다. 그것은 특정한 인간 형상에 대해 통찰력을 높이거나 혹은
저해할 수도 있다.[19] 이러한 입장에서 내 석사논문의 연구대상은 북한이 고향인

현장연구 마지막 시기인 3개월간, 나는 귀국 인사 차원에서 그간 만들어온 인맥을 다지는 동시에, 현장연구 이후에도 여러 인포먼트와 연이 끊어지지 않도록 노력했다. 15개월간의 현장연구를 마무리하고 한국으로 돌아가는 나에게 인포먼트들은 "한국에 잘 갔다 와" 또는 "기다리겠습니다"라는 두 마디 인사를 건넸다. 2007년 12월, 현장연구가 끝났다. 나는 단둥을 떠나 다롄大連을 거쳐 5시간 만에 인천공항에 도착했다. 서울행 버스 라디오에선 "EU, 중·동유럽 9개국에 국경 개방"이라는 타이틀 뒤에 국경을 통과할 때 여권 검사가 사라진다는 내용이 들려왔다.[20] 그 순간부터 나는 중조 국경과 단둥에서의 네 집단의 삶이라는 나무들 외에 다른 것을 살펴봐야겠다고 결심했다. 이를 위해 나는 또 다른 나무들(한국의 국경, 한국어를 사용하는 집단)과 숲(세계 곳곳의 국경들)을 조망했다. 그런 가운데 나의 연구지역과 대상이 보여주고 말하는 바가 무엇인지를 고찰했다.

물론 이러한 작업은 단둥 현지인과의 협업을 통해 진척되었다. 나는 단둥에 거주하는 인포먼트와 메일이나 인터넷 전화를 주고받

탈북자였으며, 2000년부터 시작된 그들과의 만남은 2012년까지 이어졌기 때문에, 단둥에서 처음으로 북한사람을 만난 것은 아니었다. 이러한 경험의 연장선상에서 그들의 말투, 어휘, 태도 등이 내게 그리 낯설지는 않았다. 따라서 단둥에서 연구자와 북한사람의 관계 설정은 '어색하지 않음'에서 출발했다. 인포먼트와 친숙한 언어로 대화[21]가 가능했고, 이는 북한사람과 비슷한 말투를 구사하는 북한화교와 조선족에게도 마찬가지였다.

단둥의 고층 아파트에서 바라본 신의주 전경이다.
1990년대 전후부터 압록강 너머 신의주 즉 국경을 넘나드는 사람들이 있었고,
삼국(중국, 북한, 한국)의 물건들이 유통되는 흐름은 현재 진행형이다.

으면서 라포 관계를 유지해나갔다. 그리고 단둥과 국경 관련 국내 보도 및 다른 연구자의 논문을 챙기며 인포먼트가 공유해준 내용을 비교해보기도 했다. 이 과정에서 북한의 김정일 열차가 단둥에 도착했던 사실 혹은 신압록강대교 관련 소식과 정황을 국내 보도보다 먼저 알 수 있었다.

인포먼트들은 단둥을 떠나온 나를 위해 각 집단의 주목할 만한 일을 사진이나 영상으로 보내줬다. 이는 곧 인포먼트가 어떤 시각에서 단둥을 바라보는지 검토할 수 있는 지점이 되었다. 특히 사정상 북한사람과 북한화교가 함께할 수 없는 가운데, 단둥에 거주하는 조선족과 한국사람이 한국을 찾아올 때면, 나는 그들을 적극적으로 만나 연구와 관련된 이야기를 깊이 나눴다.

제3장

네 집단 이야기
: 북한사람, 북한화교,
조선족, 한국사람

"압록강은
바다보다 깊다"

단둥은 국경으로 상징되는 압록강 하나를 사이에 두고 신의주와 마주보고 있다. 압록강변의 양 국경지역 사람들은 물안개와 해 그리고 달을 동시에 보고 느낀다. 또 중조 국경조약의 특징에 근거하여 압록강을 공유한다. 그러나 두 국경도시 사람들의 일과는 한 시간이라는 표준시간 간격 속에서 펼쳐진다. 2000년대 접어들어 중국 정부가 새롭게 조성한 압록강공원은 아침과 저녁이면 사교춤을 즐기는 사람으로 넘쳐난다. 반면에 신의주는 외형상 한적한 모습이다. 단둥의 관광유람선과 보트, 신의주의 정박된 화물선 그리고 양나라의 국기가 선명하게 보이는 모래채취선만이 압록강의 풍경 전부인 것처럼 보인다. 하지만 양 국경지역 사람들은 다양한 활동을 통해 압록강에 그들만의 삶의 흔적을 남기며 살아간다. 이를 빗대어 단둥사람은 "압록강은 바다보다 깊다"고 표현한다.

한비야의 『중국견문록』에는 중국 내 중국어학원에서 함께 공부했던 북한 아저씨에 대한 일화가 나온다(이 책은 다들 알다시피 한국에서 엄청난 독자를 끌어모았다). 그러나 한국 사회는 여전히 탈북자와는 다른 성격을 지닌 중국에 거주하는 북한사람의 존재에 대해 소홀히 다루는 편이다. 나아가 한국 영화와 뉴스의 소재가 되는 해외 북한 노동자의 삶 등이 종종 한국에 알려지곤 하지만, 북한사람의 해외 거주 모습은 쉽게 떠올리지 못하는 경향도 있다.

중조 국경에 대한 한국의 시각도 별반 차이는 없는 듯하다.

2000년대 들어 압록강단교는 항미원조전쟁(한국전쟁)을 기념하는
공간임과 동시에, 끊어진 다리 때문에 더 이상 건너갈 수 없는 국
경 너머 신의주를 조망하는 공간으로 바뀌었다. 바로 옆에서 단둥
과 신의주를 연결하는 중조우의교는 마치 첩보전을 연상시키는 듯
한 김정일이 탄 기차만이 통과하는 곳으로 묘사된다. 이곳은 단둥
에서 북한으로 향하는 트럭만이 지나가는 다리로 보도되지만 북한
에서 돌아오는 트럭은 텅 비어 있다. 중조 국경을 통과하는 "민간
교류는 거의 없다"라는 식의 기사는 [22] 한국 신문의 단골 메뉴이기
도 하다.

수많은 물자가 단둥에서 신의주로만 가는 것은 아니며 이 다리
를 통해서 사람들이 오간다. 그들 중 북한과 중국을 오가면서 국경
무역을 하는 사람들도 있다. 그들은 두 나라에 사는 친척을 방문할
겸 경제활동을 위해 기차나 트럭 혹은 버스에 몸을 싣는다. 물론
이러한 상황은 공식적으로 1980년대 초, 중조 관계 개선의 결과가
낳은 모습이다.

그런데 이러한 국경 왕래의 현장에서 일반적인 출입국 절차와 다
른 것이 있다. 보통 국가 간 왕래에서 여권과 비자는 필수적이다.
그러나 중조 국경의 경우 압록강변에 살고 있는 북한과 중국의 주
민들은 도강증渡江證을 활용해서 국경을 넘나들 수 있다.

그 외에도 공유지역이라는 특성으로 인해 압록강에는 단둥과 신

의주를 오가게 해주고, 강과 바다에서 만나 물건을 교환할 수 있는 배들도 있다. 이 배들을 통해 이뤄지는 비공식적인 국경 교류가 공식적인 교류보다 많다는 점은 단둥사람에게는 공공연한 비밀이다.

단둥 국경지역에는 국경을 넘지 않아도 교류가 가능한 통신 수단이 있으며, 국경을 사이에 두고 통화를 하지만 실제로 국제 전화비를 내지 않는다. 중국 전화비를 내는 국내 통화 방식으로 국경 너머 신의주에서도 단둥에 있는 사람들과 통화가 가능한 것이다. 이 가운데 한글 문자메시지가 가능한 한국산 핸드폰은 북한사람이 선호하는 기종이다. 이와 관련해 특정 핸드폰 번호의 통화 불량 문제가 2010년 전후로 빈번하게 발생했지만, 2011년 단둥의 조선거리에는 "조선에서 사용가능한 휴대전화 판매합니다"는 문구를 내건 상점들이 생겨났다.

출산 선물에 담긴 국경의 의미

단둥사람은 2001년 전후부터 핸드폰 사용이 엄청나게 늘어났다고 기억한다. 단둥에서 대북사업을 하는 사람들에게 북한에서 사용되고 있는 중국 핸드폰에 저장된 연락처 확보는 필수다. 이러한 통신 수단의 존재는 한국사람이 포함된 한국어를 공유하는 네 집단이 국경 넘나들기 행위에 직간접적으로 동참하고 있음을 보여준다. 한국사람이 실질적인 사장인 단둥의 무역회사에는 북한화교가 대북사업의 일부분을 담당하지만, 조선족이 연결한 북한사람과 국경무역을 추진하고 있다. 실례로 이 회사의 직원인 단둥에 거주하는 젊은 한국인 부부는 조선족의 주선으로 도강증을 가지고 국경을 넘어온 북한사람과 안면이 있었다. 그 부부의 아기가 태어난 2007년 어느 날 저녁, 조선족의 부탁으로 같은 회사 동료인 북한화교가 한국인 부부의 집에 신의주에서 잡은 살아 있는 가물치를 배달했다. 이 생선은 사실 신의주에 있는 북한사람이 압록강 배편으로 조선족에게 보낸 것이었다. 이 일화에는 도강증을 통한 단둥에서의 만남, 살아 있는 생선을 운반할 수 있는 압록강의 배, 국경무역을 위한 일상적인 핸드폰 통화, 네 집단의 연결 고리 등이 함축되어 있다. 이처럼 출산 선물에는 국경 넘나들기와 관련된 네 집단 사이의 교류가 녹아 있다. 이들은 국경무역 내 경제활동을 통해 직간접적으로 연결되어 있다.

비공식적인 교류에 압록강 배와 핸드폰만 쓰이는 것이 아니다. 압록강이라는 큰 하천이 단둥 시내와 신의주를 가로지르고 있지만, 단둥사람과 신의주사람이 서로 국경을 사이에 두고 대화와 교류를 할 수 있는 곳도 산재해 있다. 압록강의 지리적 특성과 중조 국경조약의 특수성 때문에, 사람들은 도심 외곽으로 나가면 압록강의 본류가 아닌 실개천이 흐르는 지역을 교류의 장으로 이용한다.

이 같은 예는 비자와 여권만으로는 북한과 중국 국경을 통관하는 사람들의 왕래를 파악하는 데 한계가 있음을 보여준다. 통계에 잡히지 않는 국경 넘나들기 행위에는 네 집단의 상호작용과 만남의 역사가 있음을 놓쳐서는 안 된다. 단둥 국경지역은 중조 국경이라는 경계를 넘나들며 사람들이 소통하고, 경제활동이 전개되는 곳이다.

사람이 오가는 중조 국경문화의 중심에는 네 집단이 있다. 이런 맥락에서 중조 국경의 넘나들기 형태를 고려한다면, 이 지역에서 펼쳐지는 교류를 중국 내 조선족과 북한화교 대 북한 내 북한사람의 것으로만 바라보는 시각은 한계가 있다.

삼국이 만나는 장, 단둥

단둥에는 1990년대부터 변화가 있었다. 단둥사람은 1992년 한중 수교 이전에도 홍콩을 통해 대북사업을 꿈꾸는 한국사람이 단둥을 찾아왔었다고 이야기한다. 나아가 한중 수교는 한국사람이 본격적으로 단둥을 방문하고 이주하는 계기가 되었다. 더 자세히 들어간다면, 이 시기에 한국사람을 제외한 세 집단도 단둥에 등장했다고 볼 수 있는 단초가 있다.

세 나라 사람들이 교류할 수 있는 여건이 조성된 단둥에서 네 집단이 서로 관계를 맺어온 역사, 즉 삶의 뿌리를 본격적으로 내린 때는 1990년대 중반부터였다. 이러한 이해를 출발점으로 삼아, 단둥에 네 집단이 등장한 과정과 삼국 관계에서 단둥의 위상 변화를 둘러싼 연관성을 정리하면 다음과 같다.

먼저 국경도시로서 단둥의 첫 번째 장점은 평양과 신의주를 철도와 도로를 통해 직접 갈 수 있다는 것이다. 이와 마찬가지로 남북 관계의 정치적·경제적 상황에 따라 비정기 교류지역인 남포보다는 단둥이 물자를 보내는 노선으로 활용되고 있다. 둘째, 단둥은 자체

생산물과 더불어 북한 농산물과 경공업 제품이 국경무역 중 하나인 보세무역 방식을 이용해 한국으로 수출되는 지역으로 이용되고 있다. 셋째, 내륙 도시인 지린성吉林省은 한국사람이 항공편이나 러시아를 경유하는 배편으로 방문할 수 있지만, 랴오닝성遼寧省의 단둥은 한국과 바로 연결되는 국제 항구가 있다. 이 세 가지 이유를 포괄하는 지리적 이점으로 단둥은 북한이 필요로 하는 생필품, 의약품, 식량 등의 물자가 중국에서 평양으로 갈 수 있는 최단거리라는 것이다. 역으로 보자면 단둥에는 평양에서 만들어진 가공무역의 완제품이 중국을 통과해 제3국(한국)으로 갈 경우 최단거리에 위치한 중국의 국제 항구가 있다. 아울러 중국의 다롄 혹은 베이징에서 북한으로 향하는 배와 항공편이 있다.

단둥은 중국의 다른 도시에서 이뤄지는 북한과 관련된 경제활동의 협상 테이블 장소로도 각광받고 있는데, 경제 교류의 브로커 역할을 하는 네 집단이 있기 때문이다. 물자가 단둥을 경유하지 않는 때도 있지만, 이를 가능케 하는 경제활동은 단둥에서 이뤄질 때가 많아서 네 집단을 만나려고 사업가들은 자주 단둥을 찾는다.

따라서 2010년 전후로 네 집단이 서로 관계를 맺으며 살고 있는 것은 새로운 현상 또는 미래형이 아니라 역사적 과정이자 현재 진행형임을 염두에 두어야 한다. 그들에게는 시기적으로 한중 수교 전후부터 어느 한 집단을 빼고는 단둥 국경지역의 변화상이 설명되지 않는 특수성이 있다.

1990년대에 접어들어 3000명 정도이던 단둥 시내 조선족 인구가
늘어나기 시작했다. 또 이 무렵 단순한 방문 성격이 아니라 단둥에
서 생활을 이어나가는 북한사람, 북한화교, 한국사람이 본격적으
로 늘어났다. 1980년대 북한사람과 조선족의 만남은 주로 국경 너
머 신의주의 국경지역을 통해서 이루어졌지만, 1990년대부터 단둥
의 국경지역에서 활발한 교류가 자리잡기 시작했다. 1990년대 초·
중반 상황을 묘사하고 있는 아래의 내용은 2000년대에도 늘상 이
어지는 단둥의 국경지역 풍경이다.

> (단둥은) 평양과 북경을 잇는 국제열차가 지나가는 곳으
> 로서 신의주와 압록강을 두고 대면하고 있다. 국경무역이
> 성하며 평안도를 거쳐 오는 북한사람들이 중국으로 들어
> 오는 관문이며 중국인과 조선족 동포가 북한을 방문하기
> 위한 관문이기도 하다. 호텔에서는 신의주까지의 관광을
> 알선해준다는 광고도 붙어 있으며, 매일 나무나 해산물
> 을 싣고 와서 식량으로 바꾸어서 돌아가는 북한 트럭의
> 긴 행렬이 압록강 다리를 채우고 있고 물건 보따리를 잔
> 뜩 진 친척의 방문 뒤 귀국하는 북한사람과 북한 친척을
> 방문하려는 조선족 동포의 모습으로 바쁜 곳이다. [23]

위의 내용처럼, 친척 방문을 통한 무역이 주를 이루었던 북한사람과 조선족의 만남과 함께 다양한 집단 간 만남이 1990년대에 이루어졌다. 1990년대의 한중 수교, 북한과 중국의 경제적 상황이 역전되면서 생긴 북한화교의 단둥 이주, 한중 간 운행되는 단둥페리의 등장, 북한 식당과 외화벌이로 대변되는 북한사람의 경제활동, 국경무역을 염두에 둔 타 지역의 조선족과 한국사람의 이주 등이 집단 간 만남의 주요한 계기가 되었다. 그렇다면 1990년대에 네 집단이 단둥으로 이주한 동기는 무엇일까? 요약하면, 네 집단 사람들은 북한과 중조 국경을 염두에 두고 단둥에 삶의 근거지를 구축했다. 아래의 내용은 이를 보여주고 있다.

지금(2007년)의 단둥은 다섯 종족이 모여 사는 곳이지만, 60년대 초부터 70년대 말까지는 공식적으로 북한과 중국이 교류가 없었어요. 82년에 다시 교류하면서, 그 이후 중국에 북한사람들이 자유롭게 다니면서 물건을 구입하는 상황이 되었다고 하더군요. 1990년대 들어 북한사람이 중국 물건을 구입하기 위해 적극적으로 단둥에 나오기 시작했다는데 북한 사회가 어려워지는 시기와 겹치죠.

−1962년 한국 출생, 한국사람(나),
2007년 4개월간 조사 목적으로 체류한 한국 공무원

조선화교(북한화교)는 조선이 못살기 시작하면서 몰려오기 시작했죠. 아마도 90년대 초반부터 단둥에 많이 거주했다

고 하는데, 대표적으로 성공한 인물이 당신도 아는 골동
품으로 성공한 안동각 사장이라고 할 수 있죠. 평양은 지
금 약 300세대 정도 되지만 대부분 노인들뿐이고 젊은이
들은 대부분 중국으로 떠나고 없습니다.

-1975년 평양 출생, 북한화교(남),
2003년부터 단동 거주, 무역업 종사

지금(2010년) 단동의 조선족 가운데 북한과 무역해서, 돈
을 많이 축적한 사람들이 많지. (나의 질문: 그럼 그분들은
대부분 단동이 고향인가요?) 내가 단동 조선족이라고 말한
것은 조선족 중에 동북3성에서 이곳으로 왔지만, 이미
20년 전부터 단동에 살기 시작했으니까 단동 조선족이라
고 말한 거지. 단동의 토박이는 20퍼센트도 안 된다고 보
면 되지 않을까. 그들은 북한과의 연결 고리를 위해서 단
동에 왔지. 그들이 단동에 온 이유는 한국사람 하고는 크
게 상관없어요.

-1955년 단동 출생, 조선족(여),
조선족 학교 선생

1990년대 초반 국교 수립 전후로 전해들은 이야기에 따르
면, 당시의 비즈니스는 고가의 광물(금괴 포함) 거래나 골
동품 거래 등 매우 비공식적이고 비밀스런 비즈니스가 먼
저 시작되면서 한국사람의 왕래가 시작된 것으로 알고 있

습니다. 국교 수립 이후 아까 말했던 대북사업이나, 농수
산물(중국산 혹은 북한산) 등의 분야의 진출이 먼저고, 그
다음이 북한 가공업이라고 생각합니다. 단둥은 한국사람
에게 기회의 땅이자, 날마다 분단의 현실과 남북의 대치
상황을 경험하는 곳입니다. 하지만 그 가운데에서 북한과
관련된 일을 할 수 있는 묘한 매력이 풍기는 곳이죠.

－1975년 서울 출생, 한국사람(남),
2002년부터 단둥 거주, 대북사업가

이상의 내용에서 보듯이, 단둥에 네 집단이 모여드는 배경을 언
급할 때, 경제와 관련해 "북한"이라는 단어는 빠지지 않는다. 단둥
에 나와 있는 북한사람은 북한과 관련된 사업을 하고자 하는 세 집
단에 북한을 연결해줄 허브 역할로 자리매김할 수 있었다. 북한 골
동품의 예에서 짐작할 수 있듯이, 북한 물건을 가지고 국경을 넘어
단둥으로 가지고 올 수 있는 북한화교는 단둥에서 북한 상품의 가
치를 극대화하곤 하였다. 기존의 단둥 토박이 조선족과 마찬가지로
타 지역의 조선족은 한국과는 달리, 노동보다는 북한에 거주하는
친·인척 인맥을 활용하여 장사를 할 수 있는 이점이 있었다. 북한
사람을 만날 기회와 지역이 제한적인 한국사람에게 북한을 맞대고
있는 단둥은 북한과 관련된 일을 도모할 수 있는 지역이었다.

1992년 한중 수교는 한국사람이 북한 또는 북한과 관련된 세 집
단을 만날 수 있는 장이 단둥에 본격적으로 마련된 계기였다. 북한
은 1995년에 홍수 재해를 입고 그 이후부터 기근을 경험했다. 이로

일명 조선(북한)거리에는 "조선에서 사용가능한 휴대전화 판매합니다"를 강조하는
핸드폰 상점들이 성업중이다. 이 때문에 한국어 자판이 기본인 핸드폰 기종이 인기가 많다.

옆 사진은 북한 여권을 펼친 것이다.
한편 북한사람이 중조 국경을 넘나드는
수단으로는 북한 여권 외에도
도강증이 있다.

인해 북한사람과 북한화교는 단둥에서 북한으로 가지고 갈 중국과 한국 물건을 구입하려고 했다. 반대로 한국사람은 중국 물건보다는 북한과 관련된 사업을 모색하고자 단둥을 찾기 시작했다. 그리고 본격적인 대외개방을 시작한 시기와 조선족의 이동이 맞물리면서, 한국 혹은 한국사람이 많이 사는 중국의 대도시로 이주[24]를 선택하지 않은 타 지역의 조선족은 단둥에서 북한과 관련된 삶의 방편을 찾기 시작했다.

그들은 왜 서로 만나고 섞이려 하는가

공식적인 교류에 제한이 있는 북한사람과 한국사람이 만나기 위해서는 북한화교와 조선족이 필요했다. 단둥 국경무역과 남북 무역의 특징은 북한화교와 조선족에게 그들만의 역할을 만들어줬다. 한편 단둥의 조선족은 타 지역에 사는 한국사람과 조선족이 맡아왔던 역할 분담의 자리를 북한화교와 경쟁하는 위치에 놓이게 되었다. 이 과정에서 네 집단의 만남을 이어주는 요소가 하나하나 단둥의 국경지역에 축적되었다.

예컨대, 남북 무역의 경우 한국사람이 북한의 거래선을 확보하는 방식에는 남북 간에 직접적인 통행·통신조차도 거의 불가능하다는 전제 조건이 있다. 북한의 거래선을 확보하는 일반적인 방법에는 첫째, 북한 진출 경험이 있는 한국 업체를 활용하기. 둘째, 대한무역투자진흥공사KOTRA를 통해 민경련 혹은 중개상을 알선받기. 셋째,

북한의 민경련을 직접 접촉하기. 넷째, 제3국의 중개상 등을 통하기 등이 있다. 이러한 조건에 부합되는 곳이 바로 단둥이다. 한국 업체와 민경련이 있고, 제3국의 중개상으로 지칭되는 중국의 조선족과 북한화교가 있는 곳이기 때문이다.

북한과 관련된 네 집단의 관계 외에도 중조 국경과 한중 국경은 네 집단이 단둥으로 이주하는 데 중요한 배경 중 한 축을 차지한다. 중조 국경은 한국사람에게 넘을 수 없는 국경이지만, 단둥에는 한국사람 대신에 중조 국경을 넘나들 수 있는 세 집단이 있어왔다. 이들을 통해 두 국경을 넘은 물건은 북한 농산물과 제품을 접할 기회를 한국에 제공했다. 이와 반대로 네 집단은 한중 국경을 넘어온 물건을 단둥에서 중조 국경 너머 북한으로 가지고 갈 수 있는 국경지역이 있음을 알게 되었다. 이 조건은 1990년대부터 형성된 단둥의 국경지역 문화를 중조 관계라는 맥락에서만 바라볼 수 없음을 의미한다.

1990년대에 다른 지역의 조선족이 단둥에 이주하면서 토박이 조선족보다 많아진 점 때문에, 1990년대부터 시작된 네 집단 간의 만남은 다른 의미로 해석될 수 있다. 그들은 좁게는 1990년대 이전 신의주와 단둥의 국경지역 사람들(북한사람, 북한화교, 단둥이 고향인 조선족)이 만들어놓은 국경지역 문화라는 단초가 있었기 때문에 모여들었다는 점을 간과해서는 안 된다.

이들의 만남은 한 집단이 먼저 터전을 잡은 곳에 나머지 집단이 들어와 섞이는 모습은 아니다. 그 이전에 단둥 안에 네 집단과 관련된 문화와 세 나라가 연결되는 요소가 없었다는 점에서, 네 집단은 그들의 출생국 혹은 고향이 아닌, 단둥이라는 국경지역에서 함께 국경 문화를 만들어가기 시작했다고 봐도 무방하다.

2000년대 이래 네 집단의 이주에서 눈여겨볼 지점은 앞서 언급한 네 집단의 이주 배경인 북한, 네 집단의 관계 맺음, 중조 국경이나 한중 국경의 넘나들기 행위 등이 최종적으로 지향하는 바가 무엇인가다. 사실 네 집단은 중국사람들과의 관계 맺음만을 위해 단둥으로 이주했다고 말할 수 없다. 외려 북한과 국경을 맞대고 있는 단둥의 국경지역 사람들은 네 집단 사이의 관계 맺음을 중시하려는 의지가 크며, 이것이 곧 단둥으로 이주하려는 주요인이 된다.

중국에서의 생활이 한국사람이 단둥을 찾는 유일한 목표는 아니다. 간혹 중국 생활만 생각하고 왔던 이들도 얼마 지나지 않아, 압록강 너머 기회의 땅인 북한으로 눈을 돌리곤 한다. 단둥에서 그들은 북한 물건과 사람들을 소개해줄 인맥인 북한화교와 조선족을 사귄다. 나아가 그들은 북한사람과 만나 사업 논의를 할 수 있는 방식을 알아간다. 이러한 만남 속에서 북한과 한국을 연결하는 남북 무역이나 삼국 무역의 방식을 배운다.

북한화교도 단순히 경제적 어려움을 극복하고자 북한에서 단둥으로 오는 것은 아니다. 단둥은 그들에게 북한과의 관계를 통해 부를 얻을 조건을 제공하기 때문이다. 단둥에 자리잡기 시작한 그들 중 일부는 북한사람과 한국사람을 대상으로 사업 동반자로서의 관계를 구축한다. 그들은 남북 무역과 삼국 무역 거래의 중간자 역할 혹은 북한 진출의 안내자로 자리매김하고 있다. 한국 체류 경험이 있는 다른 지역의 조선족은 흔히 동북3성 가운데 가장 한국

날씨와 비슷하다는 이유로 단둥 이주를 이야기한다. 그들은 중국에서 중국 국민으로 살아가지만 그들의 직업을 들여다보면, 대부분 북한사람이나 한국사람과 연을 맺으며 살아간다.

북한사람 또한 북한 출신 파트너를 필요로 하는 나머지 세 집단과의 교류를 모색하는 것이 단둥 거주의 주된 이유다. 북한사람은 세 집단의 너머에 한국이 있음을 알고 있다. 이처럼 네 집단은 중국 국경지역이라는 기반을 통해 북한과 한국의 연결 고리를 만들어가며 단둥에서 살아간다.

네 집단은 단둥에서의 생활방식에만 적응할 수 없는 형편이다. 특히 북한사람과 한국사람은 각자가 속한 국가의 상황과 정책에 따라 직접적인 영향을 받기도 한다. 북한사람은 집단적으로 귀국을 하거나 한국사람은 대북사업이 일시적으로 중단되는 상황에 직면하는 것이 대표적인 예다. 북한사람과 한국사람은 단둥에서의 만남과 언행에 조심하면서, 귀국 뒤 문제가 될 소지를 가급적 줄이고자 노력한다. 남북 관계의 변화가 피부에 바로 와 닿는 곳인 단둥에서 그들은 살아가고 있다. 한국의 IMF 사태 당시, 단둥은 북한 농산물의 수입 감소로 경기불황을 겪었다. 북한의 용천 사건 때, 단둥은 북한으로 들어가는 구호물자의 통행로였다. 각 집단은 위성방송과 인터넷 등을 통해 한국과 북한 소식을 접하며 그들의 생활방식에 어떤 영향을 미칠지 촉각을 곤두세운다.

2006년 단둥에서 내가 만난 북한사람은 민박집에서 숙식을 해결하며 파출부 일을 했다. 그녀는 신의주에서 왔으며 단둥에 거주한 것은 이미 이번이 세 번째였다. 그녀가 민박집의 한국 손님과 탈북자에 대한 이야기를 나눌 때 던진 첫 질문은 "그쪽(한국)에 가서 그들(탈북자)은 돈을 잘 벌고 있습니까?"였다. 그녀는 저녁때 주로 단둥의 삼마로三馬路에 있는 비슷한 처지(단둥의 가정집에서 파출부로 한두 달간 일하는)의 고향 사람들을 만나, 신의주에 돌아갈 때 사들고 갈 물건을 쇼핑하곤 했다. 그들은 단둥에 있는 여러 상점 중 어떤 상점에 가면 한국 물건을 값싸게 살 수 있는지 잘 알고 있었다.

그녀는 이미 체류 기간을 넘겼지만, 두 달 뒤 친구들과 함께 단둥에서 신의주로 향하는 버스에 몸을 실었다. 그들이 구입한 물건의 대부분은 신의주사람들이 주문한 것이었다. 그들이 중조 국경무역에서 차지하는 비중뿐만 아니라, 그들의 무역과 관련된 역할 가운데 주목할 점은 북한으로 가지고 가는 물건 중 값비싼 제품들도 있지만, (자본주의의 세계화라는 요인으로 인한) 유통의 다양화 과정이 끼친 영향으로 중국과 한국에서 끝내 팔리지 않은 물건들을 싸게 구입한다는 것이다.

이처럼 도강증을 통해서 단둥에 오는 북한사람은 소위 북한의 엘리트가 아닌 국경지역에 살고 있는 일반인인 경우가 많다. 그들은 삼마로 주변에서 숙식을 해결하며 일일노동에 나선다. 그들은 원하는 금액을 모으면 물건을 산 뒤 중국에서의 체류 기간을 넘기 더라도 북한으로 돌아간다. 이러한 측면을 고려한다면, 이들은 탈 북자의 범주에 포함되지 않으며 오히려 불법으로 체류한 외국인노 동자의 신분에 가깝다고 할 수 있다. 그렇다고 그들의 단둥 거주에 법적인 문제가 생기는 경우는 거의 없다. 단둥에는 그들이 누구인 지를 설명해줄 친척과 인맥이 있기 때문이다. 그리고 중조 국경을 다시 넘어갈 때도 단둥에서 번 돈의 일부를 써서 통과하면 된다.

단둥에서 가게를 운영하는 북한사람도 있다. 그들이 판매하는 물 건은 북한에서 보내온 수예작품, 농수산물, 술 등이다. 북한 식당 은 북한에서 온 여성을 종업원으로 채용해서 북한과의 직접적 연결 을 상품화하는 경영 전략을 펼친다. 이때 중국산 재료로 음식을 만 드는 경우도 있지만, 북한 식당에서 소비되는 음식과 일하는 사람 은 북한이라는 나라를 상징한다.

2011년 여름, 대북사업을 하는 한국사람이 알고 지내던 북한사 람으로부터 30대 초반의 북한 여성을 소개받았다. 그녀는 그의 딸 이었다. 그녀가 단둥에 온 이유는 아버지의 인맥을 물려받아 직접 중조 국경을 왕래하려는 계획 때문이다. 이처럼 북한사람이 단둥에 체류하거나 거주할 때, 그들 옆에는 삶에 도움을 주는 인맥이 있고 그들과의 관계 유지는 필수적이다. 이와 마찬가지로 내가 2007년도 에 만난 20대 후반의 조선족 여성은 아버지의 북한 인맥을 이어받 아, 5년째 북한사람이 찾아올 때마다 통역 업무를 하고 있었다. 이 과정에서 만난 북한 고객을 통해 그녀는 북한에서 잘 팔리는 물건이 무엇인지 정보를 알아내고 있었다.

단둥사람은 단둥을 처음 방문하는 북한사람에게 식사 대접을 할 때, 무엇을 대접할까 고민하지 않아도 된다. 이미 북한사람은 북한을 떠나기 전, 단둥에 가면 어느 식당에 가서 무엇을 먹을지 추천을 받는 경우가 많기 때문이다. 단둥에서 국경무역에 종사하는 북한사람의 직함은 '○○○기관' 또는 '○○○회사 대표'가 많고 주소는 대부분 평양이다. 무역원이라 불리는 그들이 주로 하는 일은 북한 기관에 필요한 물품을 구입해 조달하는 것이다. 반면 단둥에 살고 있는 북한 주재원의 주 업무는 거래선 발굴이나 북한 내부의 일자리 창출 등이다. 이들은 단둥사람과의 사업 협상을 통해, 북한의 지하자원 개발 건을 소개해주거나, 북한 봉제공장의 일을 수주받기 위해 노력한다. 따라서 자국에서 영향력이 큰 북한사람은 단둥에서 좀 더 많은 일을 추진할 수 있다.

북한사람이 단둥에서 살아가는 방식은 두 가지로 요약된다. 하나는 북한으로 물건을 수입하거나 혹은 취업을 해서 번 돈으로 다시 국경 너머 북한으로 돌아갈 때, 물건에 대한 세금이 부과되지 않는 범위에서 보따리 장사를 하는 것이다. 이외에도 출장원이라고 불리는 사람들도 동참을 한다. 그들은 매일같이 중조 변경을 넘나드는 트럭이나 봉고, 버스를 타고 물품을 나른다. 또 다른 경우는 북한과 관련된 물건을 팔거나 북한에 있는 물건과 일을 단둥사람에게 연결해주는 일이다. 이처럼 단둥에서 북한사람이 살아가는 방식의 근거이자 자원은 북한 그 자체라고 볼 수 있다.

네 집단 가운데 한국사람도 북한사람과 더불어 돌아갈 국가(출신국)를 늘 떠올리며 단둥에서 살고 있다. 그들은 중국사람을 상대로 식당이나 가게를 운영하거나 중국어를 배우려고 단둥에 오기도 하지만 그 규모는 얼마 되지 않는다. 한국 식당이 성공하느냐 마냐 여부를 따지는 기준 중 하나는 북한 손님의 비중이다. 그들 대부분은 대북사업을 염두에 두고 단둥에 거주(체류)하는데, 이미 단둥에 살고 있는 한국사람뿐만 아니라 안면이 있는 북한화교와 조선족의 인맥을 통해 단둥에서의 생활을 시작한다. 그리고 그들을 거쳐 북한사람을 알아가게 된다.

2010년 기준으로 단둥에서 10년 넘게 살고 있는 한국사람 대부분은 북한산 농수산물 거래를 모색하다가 단둥에 근거지를 마련한 사람들이다. 그 이후 북한과 관련된 의류가공업, 물류업, 광물거래 중개업 등에서 대북사업을 하려는 사람들이 단둥에 머무르거나 단둥과 한국을 오가며 살고 있다. 대북 선교를 꿈꾸는 한국사람도 상당수를 차지한다.

이처럼 한국사람은 사업이든 선교든 북한과 관련된 일을 많이 한다. 그들은 중국에서의 삶보다는 통일과 선교 선구자의 꿈 혹은 자본주의의 흐름을 따라 마지막 남은 기회의 땅으로 인식되는 북한을 상상하면서 단둥으로 모여든다. 전자는 국민과 민족을 먼저 생각하며 경제적 이윤 창출보다는 대북사업 그 자체에 의미를 부여한다. 가령 북한에 고향을 두고 남한으로 내려와 경제적인 성공을 거두었으나, 평생 바라던 통일은 멀어져만 가는 것 같아 고향에 번듯한 공장도 짓고 그 땅을 한번 밟아봤으면 하는 사람들이 간접적인 대북투자 방법을 모색하기 위해 단둥을 찾는다. 북한 관련 한국의

NGO 관계자들이 북한을 돕기 위한 방편으로 단둥에서 대북사업을 추진하는 것도 같은 맥락이다.

후자는 대북사업을 통한 경제적인 이윤 추구가 주목적이다. 그들이 북한 공장을 이용하려는 이유는 사상과 이념을 떠나, 중국 교도소보다 북한의 인건비가 저렴하기 때문이다. 2007년 여름, 중국에서 손일이 많은 액세서리 공장을 운영하던 한국사람이 중국의 인건비 상승 때문에 어려움을 겪자, 단둥에 있는 대북사업가를 찾아갔다. 그는 대북사업 가운데 수예 작업을 하는 조선족에게 북한의 인건비를 물어보았다. 그는 "한 달 월급으로 비교를 하면, 한국은 2000달러, 중국은 500달러, 조선(북한)은 20달러 정도"라는 내용을 알게 되었다.

때로는 이 모두를 염두에 두는 사람들도 있다. 한국사람은 단둥에 온 이유로 처음에는 대북사업을 하러 왔다고 말하지만, 술을 한잔한 뒤에는 통일과 선교를 말하곤 한다. 이러한 동기 때문에 단둥은 한국사람에게 대북사업의 전초기지라는 의미가 강하며, 그들은 단둥에서 북한과 한국의 매개자 역할을 모색한다. 또 북한사람은 다양한 북한의 사회적·정치적 배경을 지닌 사람들이 모여드는 반면에, 한국사람은 과거에 경제적 여유가 있었더라도 오늘날 풍족한 사람이 거주(체류)하는 예는 드물다.

이런 경제적 배경은 단둥을 경제적 재기의 발판을 위한 기회의 땅으로 삼고자 하는 한국사람이 많음을 보여줌과 동시에, 삶이 여의치 않을 때 쉽게 단둥을 떠나 한국으로 돌아가는 원인임을 설명해준다.

단둥 호텔에 설치된 평양, 베이징, 서울 시계.
이 장면을 통해서 단둥에서의 네 집단의 삶을 짐작할 수 있다(왼쪽).

단둥의 대형마트 주변거리에서 북한사람들이 모여 있는 모습을
쉽게 목격할 수 있다(오른쪽).

한국사람 가운데 단둥에서 공장과 가게 등을 운영해 부를 축적한 사람들은 드물지만, 성공한 사람도 실패한 사람도 대부분은 대북사업을 한 사람들이다. '대북사업'이라는 단어는 중국에서 북한을 상대로 사업을 한다는 의미로만 머무르지 않고, 한국이 북한과 사업을 한다는 뜻으로 해석된다. 한국사람은 회사를 운영하든 개인 바이어든 북한과 한국 시장을 동시에 고려해야 한다. 대부분 그들의 최종적인 경제적 이득은 북한 물건을 한국에 유통함으로써 얻어진다(물론 한국 물건을 북한에 판매하는 것도 포함된다). 따라서 북한과 한국의 경제적 흐름에 민감한 그들에게 한국에서 다진 경제적 인맥은 중요하다.

단둥에서 성공한 사람들은 의류가공업을 중개하는 사람들이 대표적이다. 그들에게 북한 공장과 한국의 대기업 회사에서 쌓은 인맥은 단둥을 살아가는 데 큰 자산이 된다. 이와 마찬가지로, 단둥에서 선교하는 사람들에게 한국의 대형 교회는 든든한 후원자 역할을 한다. 여름철, 단둥을 찾아오는 한국 사업가와 교회 관계자들에게 단둥의 국경지역과 중조 국경을 안내하는 일이 본인 일보다 우선시되기도 한다. 한국 언론과 대북 연구자들은 단둥에 거주하는 한국사람에게 인포먼트의 역할을 부탁한다. 한편 단둥에서의 사업 실패로 사는 것이 여의치 않거나, 파견 근무 혹은 선교 활동 기간이 끝난 사람들은 한국으로 돌아간다.

북한화교와 조선족에게 단둥은 앞으로 살아갈 곳이라는 의미가 크다. 북한화교는 단둥 사회의 입지적인 인물 안에 포함되곤 한다. 그 중 단둥에서 가장 큰 식당 중 하나를 운영하면서 "안동각 사장"이라는 닉네임으로 통하는 사람이 있다. 자수성가의 배경에는 그의 젊은 시절 북한을 상대로 한 무역이 한몫을 차지했다. 1999년 11월에 발행된 단둥의 한 잡지를 보면, 안동각은 "여기보다 더 좋은 곳은 없다" "해물은 거의 조선에서 공급받는 것으로 알려져 있다"로 소개되고 있다. 이를 기반으로 그는 2000년대 접어들어 단둥에서 다양한 사업으로 영역을 넓혀나가고 있다. 가령 그는 아파트 건설에 뛰어들어 서울 '강남 아줌마'들을 주 고객으로 영업을 했다. 한때 주말이면 한국사람을 태운 그의 회사 차량이 건설중인 아파트를 돌아다녔다. 2010년 무렵, 압록강이 보이는 새 장소에서 다시 개업을 시작한 '신안동각'은 중국 식당을 표방하고 있지만, 중국 종업원과 함께 공연을 주로 하는 북한 여성 50명 이상이 일하고 있다. 이는 여전히 그가 북한 인맥을 유지하면서도 이를 활용하고 있음을 보여준다.

20년 전인 1990년대에는 그도 젊은 세대였지만, 지금은 북한에서 막 건너온 젊은 북한화교의 롤모델이 되고 있다. 2006년부터 내가 알고 지내는 북한화교는 20대 중반에는 수중에 돈이 거의 없는 사람이었다. 그 당시 그가 할 수 있는 일은 한국사람이 자주 드나드는 안마방에서 예약 전화를 받는 일 정도였다. 그렇지만 해가 지날수록 보따리 장사부터 시작해 중개업자로 대북사업 내 입지를 넓혀갔다. 2011년에는 드디어 단둥에 한국 돈 1억 원에 달하는 아파트를 샀다. 이처럼 북한화교는 북한에서 태어났다는 조건(출신국)을 활용해 단둥(거주국)에서 살고 있지만, 북한과의 연결 고리를 전략적으로 버리지 않으면서 장차 중국에서 살 준비를 하는 경향을 보인다.

이처럼 북한화교의 중국 이주는 노인 세대보다는 젊은 세대, 가족보다는 개인 위주로 이뤄지는 경향이 있다. 그렇다면 여기서 "북한화교는 왜 이런 이주 형태를 보이는가?"라는 질문을 해볼 수 있을 것이다. 북한화교에게 대북사업의 핵심은 가게 혹은 구매자를 의미하는 '대방(사업 파트너)'과 북한사람이 아닌 자신의 '부모'다. 내가 북한화교에게 "다른 집단에 비해서 대북사업의 장점으론 무엇이 있는가?"를 물어보면, 대부분의 대답은 이러했다. "조선(북한)에 기반이 없는 일반 한족이나 조선족 또는 한국사람의 경우, 외상 거래에 대한 부담감이 있다는 약점이 있고 대북사업에서 때때로 외상 거래를 하지 못하면 거래의 중심에서 밀릴 수밖에 없다. 하지만 우리(북한화교)는 신의주 또는 평양에 가족이라는 기반이 있기 때문에 외상 거래를 해도 문제가 되지 않는다. 조선(북한)에 남아 있는 가족에게 물건을 보내면, 부모님이 직접 물건을 팔고 이윤을 남긴다. 부모님이 중국에 오지 않는 이유는 북한이 더 편한 것도 있지만, 부모님마저 중국에 오면 우리는 대북사업에서 장점이 사라진다. 대방과 가족이 있으면 일없다(괜찮다)."

이처럼 그들은 주로 젊은 세대가 중조 국경을 넘어 단둥에서 거주하지만, 하는 일의 대부분은 직간접적으로 북한 내부에 있는 자신들의 문화·경제 자원을 활용하는 것이다. 그들 가운데 중국의 다른 지역으로 이동하는 사람도 있지만, 그럴 경우 단둥에서만큼 그들의 정체성과 관련된 생활방식이 보장되기 힘들다. 이러한 이유로, 북한에서 중조 국경을 넘어온 북한화교는 중국의 다른 지역으로 이주하기보다는 대부분 단둥에서 거주(체류)하는 경향을 보인다. 단둥에서는 북한화교 스스로 할 만한 대북사업과 그들을 필요로 하는 단둥사람이 있기 때문이다. 그들의 생활 수단인 중조 국경 넘나들기를 활용하기 위해서는 국경지역인 단둥이 유리하다. 이처럼 그들은 단둥에서 살지만, 북한에 남아 있는 대방과 가족을 활용하여 국경무역을 하고 있다. 그들은 계속 국경을 넘나들고자 북한화교에서 중국 국민(공민)으로 신분을 바꾸지 않고 단둥에서 계속 살려는 경향을 보인다.

마지막으로 단둥의 조선족은 단둥 토박이 조선족과 타 지역에서 이주한 조선족 사이에 살아가는 방식에서 공통점과 차이점이 각각 있다. 토박이들은 단둥의 중국 사회에서 정관계 진출의 범위나 인간관계의 폭이 중국인과 별로 차이가 나지 않는다. 그중에서 1980년대부터 대북사업을 하여 부를 축적한 층이 꽤 있고, 타 지역에서 이주한 조선족보다는 평균적으로 생활수준이 높다. 대북사업에서 단위가 큰 사업을 하는 사람들이 북한화교와 타 지역에서 이주한 조선족보다 많다.

한편 그들은 1980년대에는 북한사람을 만나기 시작했지만,

1990년대부터는 단둥을 찾기 시작한 한국사람을 상대했다. 이러한 이유 때문에, 그들에게는 북한뿐만 아니라 한국과의 관계가 중요한 영향을 미쳤다. 가령 북한과 중국 사이의 국경무역에 종사하는 조선족은 북한사람의 인맥이 중요한 반면, 북한과 한국 사이의 남북 무역을 단둥에서 중개하는 역할을 하는 조선족에게는 한국사람과의 인맥이 더 중요하다. 전자에 해당하는 조선족은 단둥의 한국사람과 만나고 있다는 사실을 북한사람에게 일부러 말하지 않는다. 후자의 조선족은 중조 국경을 직접적으로 넘나드는 일을 조심하는 성향이 있다. 따라서 두 개의 모국이자 출신국인 북한과 한국 중 한쪽에 무게중심을 둔다. 그렇지만 앞에서 언급한 바와 같이 2010년 전후로 조선족 가운데 공무여권과 일반여권을 이용하는 방식을 동원해서 북한과 한국을 자유롭게 왕래한다.

이와는 달리, 다른 지역에서 이주한 조선족이 단둥에 온 이유는 한국사람보다는 북한사람 때문이다. 그들의 고향인 지린성과 헤이룽장성黑龍江省에서 이미 알고 있던 북한 인맥을 활용해 단둥에서 대북사업을 하기에, 대부분 단둥의 토박이 조선족과 인맥이 겹치지 않는 양상을 보인다. 다른 지역에서 이주한 조선족은 젊은 세대가 중심 역할을 하고 있다.

단둥의 토박이 조선족과 다른 지역에서 이주한 조선족의 공통점은 단둥에 살면서 북한이나 한국을 활용해 부를 축적하고 있다는 것이다. 나아가 이들 가운데 오늘날 단둥에서의 생활 이전에 한국에서 경제 자원을 마련한 사람도 있다. 이들 역시 다시 돌아와 이주를 결심한 이유는 중국에 살면서 북한과 한국의 인맥을 활용해 경제적 이익을 꾀할 수 있는 삶의 방식이 단둥에 있음을 알기 때문이다. 이런 조건은 동북3성의 조선족 인구가 갈수록 줄어듦에도 불구하고, 단둥 시내의 조선족 인구가 1990년대 말 4000여 명에서 2010년 전후 8000여 명 이상으로 늘어난 배경이 된다. 그들은 출신국(한국)으로 재이주를 하는 방식을 택하기보다는 거주국(중국)에서 출신국인 북한과 한국의 특수성을 활용하는 삶의 방식을 택한다.

제4장

단둥,
삼국 무역의
중심지

단둥의 '미래 담론'이 놓치고 있는 것

단둥은 평양과 약 220킬로미터, 서울과는 약 420킬로미터 거리를 두고 있다. 이 거리에는 중국과 북한 그리고 북한과 한국을 사이에 둔 두 국경이 있다. 이 같은 물리적·심리적 거리를 이어주는 매개체로 단둥사람은 경의선 복원의 파급 효과와 그에 따른 희망의 이야기를 꺼낸다. 꿈은 여기서 머물지 않는다. 그들은 중국과의 연결 고리 또는 러시아와 일본을 포함한 동북아와 관련된 청사진을 말한다. 나아가 '철의 실크로드'의 중심지로 떠오를 단둥에 대한 꿈을 주고받기도 한다. 단둥의 미래를 논하며 그 의미를 중요하게 부여하는 사람들 사이에서 공유되는 생각은 곧 동북아 물류의 중심지가 되리라는 기대다.

"단둥은 어떤 곳인가?" "단둥에서 당신이 사는 이유는 무엇인가?" "단둥이 왜 중요한가?"라는 질문에 단둥사람은 현재보다는 미래를 말한다. 대답의 핵심은 역시 중조 국경과 남북 국경을 통과하는 철도가 개통되면, 단둥이 동북아 물류 교류의 핵심이 되리란 것이다. 또 자신들이 이곳에 존재하는 이유와 의미에 대해서는 언젠가 단둥에서 자신들이 주인공이 될 것이기 때문이라고 말한다. 이런 내용을 듣다보면, 마치 단둥 국경도시의 역할과 의미가 미래에

MEMO 3 아시안 하이웨이에 대한 희망

2006년부터 '아시안 하이웨이Asian Highway'라는 글귀가 적힌 표지판이 한국의 경부고속도로 주변에 설치되어 있다. 이와 비슷한 맥락에서 "꿈의 길"로 표현된 문구가 담긴 지도는 한국의 임진각 국민관광지, 도라산역, 통일전망대 등에서도 만

만 있는 듯하다. 더구나 현재 그들 삶에서 국경과 관련된 행위나 모습은 없는 듯 여겨진다.

한국 연구자와 언론이 집중하는 단둥의 역할 또한 현재가 아니라 미래에 초점이 맞춰져 있다. 즉 북한이라는 변수와 향후 북한·중국·한국의 만남을 예견하고 진단하는 것이다. 이러한 논의에는 삼국 무역의 연결 고리가 엿보이기도 하지만, 단둥의 현실과 현황에 대한 정확한 이해가 부족한 것이 사실이다. 예를 들어 단둥에서 한국으로 수출하는 물건의 상당수가 중국과의 중계무역인데, 이 과정에서 두드러진 북한화교의 존재와 역할 등이 간략하게 설명되고 만다. 특히 중국과 한국 혹은 북한과 중국 사이의 무역에만 초점이 맞춰 있을 뿐, 이들이 함께 이어지는 것은 단둥의 미래에 해당되는 일로만 여기는 경향이 강하다.

이 같은 결론의 근거는 설문조사와 국경무역에 종사하는 중국 업체에 대한 인터뷰가 주를 이룬다. 허나 이러한 연구방법과 분석에는 단둥에서 현재 실천되고 있는 삼국 간의 국경무역에 대한 이해가 선행되지 않은 상태라는 점 혹은 단둥과 관련된 중국 측 무역 역사와 무역 통계 자료를 검증 없이 그대로 받아들이고 인용하

날 수 있다. 이처럼 북한과 한국에 미치는 경제적 효과, 남북철도 연결에 따른 동북아 경제 협력 확대, 한국의 동북아 물류 중심국가로의 도약 등을 언급하면서 형성된 "남북 및 동북아 철도 연결과 경제협력"[25]과 관련된 담론은 한국 사회의 관심 대상이다. 그러나 이러한 논의와 기대는 현실화되지 않고 있다.

는 문제가 있다. 특히 이런 논의에서는 단둥의 국경무역 통계에는 보이는 지점과 보이지 않는 지점이 있다는 것을 중요하게 다루지 않는다.

단둥, 삼국의 치열한 무역 전략이 펼쳐지는 도시

1990년대 초부터 형성된 세 나라 간 만남의 무대인 단둥과 그곳의 국경지역 문화를 생생하게 이해하기 위해서는 우선 중조우의교를 통해 중국에서 북한으로 향하는 트럭에만 주목하지 말고, 이 다리를 등진 채 단둥 국경지역의 변화와 그 숨겨진 의미를 살펴보는 일이 필요하다.

먼저 단둥 내 상점에서 누가 팔고 있고, 누가 구매를 하는지 그리고 그 물건들은 어떻게 그곳에 오며, 어디로 팔려가는지 파악하는 일은 세 나라 간 연결점이 되는 단둥 국경지역의 변화를 이해하는 실마리다. 단둥에는 중국과 한국 제품만이 있는 것이 아니다. 가령 북한 무역회사들이 주축이 된 '조선민주주의 인민공화국 수출입상품 전람회'가 열리곤 하는데 이처럼 단둥의 국경지역은 세 나라의 다양한 물건이 모이고, 다시 세 나라로 각기 흘러들어가는 곳이다. 이런 유통의 흐름을 따라가는 출발점은 세 나라를 대표하는 국기다.

단둥 거리에서 삼국 국기의 역할은 판매되는 물품과 판매자의 전략을 상징한다. 실제로 여러 가게의 진열대 앞 또는 상점 간판을

단둥에서 삼국의 국기는 상품과 손님의 정체성을 드러내는 또 다른 표현이다.

북한에서 제작된 수예 작품이다. 주문자는 한국사람임을 미루어 짐작할 수 있다.

보면, 북한, 중국, 한국의 국기가 함께 꽂혀 있거나 그려져 있다. 이 것은 이 가게의 물건들이 세 나라 고객을 모두 상대하고 있음을 상 징적으로 나타낸다. 가게에 진열된 삼국의 물건 가운데 북한 농수 산물, 중국 옥제품, 한국 식료품 등이 대표적이다. 삼국 국기는 식 당 내부 장식으로도 쓰인다. 이때 단둥사람은 메뉴판에 세 나라를 대표하는 요리들이 있으며, 식당 사장이 세 나라의 손님을 주 고객 으로 두고 있음을 알아챈다.

국기뿐 아니라 삼국의 도시 명칭 사용은 세 나라가 연결되어 있 다는 점을 대변한다. 길거리에서 볼 수 있는 택배회사 유리창에는 삼국 국기 혹은 지명이 삼각형으로 배치되어 있다. 이것은 단둥-평 양-서울 즉 세 나라 간의 택배 서비스가 가능함을 직접적으로 보여 준다. 이외에도 택배 역할을 할 수 있는 사람들이 있다. 북한과 중 국 또는 중국과 한국을 오가는 보따리 장사꾼, 북중 간 국제 열차 를 이용하는 사람들을 비롯해, 중조 국경무역을 담당하고 있는 버 스와 트럭 운전수들은 소량의 물건, 서류, 편지를 평양에서 단둥을 경유해 서울로 전달하거나 그 반대 경로인 한국에서 북한으로 전달 하는 일에 동참한다. 이처럼 단둥은 삼국을 연결하는 인편이 발달 해 있다.

삼국을 연결하는 중조우의교와 단둥페리

중조우의교가 북한과 중국의 국경만을 연결하고 양 국가만의 관계가 이루어지는 곳이 아님을 알려면, 이 다리가 어디와 이어져 있는 지를 보면 된다. 이 다리는 북한 쪽으로는 신의주와 평양, 중국 쪽으로는 다롄(324킬로미터), 선양瀋陽(240킬로미터)이 고속도로로 이어져 있다. 그리고 다롄(1시간 거리)과 선양(1시간40분 거리)은 인천공항과 연결되어 있다. 2010년대 중반까지는 단둥과 다롄 및 선양 사이에 고속철도가 완공 예정이었다. 2012년 단둥 공항은 국제공항으로 변모하기 위해 확장중이다.

또 이 다리는 단둥 시에 속한 중국의 국제 항구인 단둥 항까지 차로 40분이면 충분하다(약 40킬로미터). 2011년 초 기공식을 한 신압록강대교는 동항까지 차로 25분이면 도착을 할 수 있는 곳(약 25킬로미터)에 건설중이다. 이 항구와 인천항은 오후 다섯 시에 배를 타면, 중국과 한국에서 각각 아침을 맞이할 수 있는 노선(245해리)이 있다. 1998년부터 매주 두세 번씩 왕복하면서 최대인원 600명과 화물 110톤을 실어나르던 단둥페리는 2011년 약 800명이 넘는 사람이 탈 수 있는 배로 바뀌었다(매주 3회 출항, 월·수·금 한국 출항, 화·목·일 중국 출항 코스다).

이 배를 운항하는 회사는 매달 10일 간격으로 단둥-신의주 혹은 남포를 오가면서, 주로 과경(중조 국경을 넘나드는) 운송을 담당하는 선박 노선도 영업중이다. 2012년 단둥에서 남포로 가는 화물선에는 약 100만 달러 가치의 비료, 굴삭기, 가전제품 등이 실렸다. 2011년에 단둥과 남포 사이를 오간 이 회사의 항차航次는 약 30번이었다.

단둥 항에는 한국에서 북한으로 보내는 구호물자를 실은 배, 단

한중 무역뿐만 아니라 남북경협의 핵심 통로인 단둥페리

단동 항에는 한국 국적의 배뿐만 아니라 북한 국적의 배도 목격할 수 있다.

둥-인천을 주 2회 왕복하는 화물선(컨테이너 선박), 단둥-평택항을 부정기적으로 오가는 화물선도 정박한다. 그리고 이곳에서는 북한 국적의 배들이 단둥페리 바로 옆에서 하역荷役 작업을 하기도 한다.

한중 수교 전후, 단둥은 한국사람이 꾸준히 찾는 곳이 되었다. 하지만 단둥과 한국의 실질적인 교류는 인천-단둥 간을 운항하는 단둥페리가 출항한 1998년이 출발점이라 볼 수 있다. 중국과 한국을 오가는 여객선의 경우, 한국 사회는 주로 한중 무역 가운데 보따리 장사꾼과 그들이 가지고 오는 중국 농수산물에 주목한다. 그러나 이중 여객화물선인 단둥페리는 삼국 무역과 관련된 다양한 방법 그리고 배편을 제공하고 있다.

예를 들어, 그들은 단둥에서 소비되는 것과 더불어 물건의 다음 행선지인 북한을 염두에 두고 단둥페리에 물건을 싣는다. 대표적으로 단둥에 있는 북한사람도 좋아하는 한국산 전기밥솥은 그들 손에 하나씩 있다. 2004년 전후로 활발했던 일명 '효도관광'으로 알려진 한국 관광객은 단둥에서 관광가이드인 북한화교와 조선족의 인솔하에 국경관광만 하는 것이 아니었다. 여행사에서 모집한 그들 역시 단둥페리의 보따리 장사꾼들이 행하는 삼국 무역의 연결 고리에 도움을 줬다.

한국의 보따리 장사꾼들은 대부분 중국 둥강과 단둥에 직접 무역상회를 두고 있다. 예를 들어 그들이 단둥페리를 통해 들여온 한국에서 가지고 온 물품은 무역상회를 경유해 단둥 시내 식료품점과 가전제품 상점 그리고 옷가게에 전시된다. 여기까지는 한중 무역에 해당된다. 그러나 판매자 대부분은 북한화교와 조선족이고 이 물건을 구입하는 주 고객 가운데 하나는 북한사람이다.

소매가 아닌 도매로 팔린 물건들은 단둥보다는 중조우의교를 통과, 즉 중조 국경을 넘어 북한에서 소비된다. 이때 한국사람이 개입하며, 한국 물건임에도 외형적으로는 중조 무역으로만 보이고 무역 통계에도 잘 잡히지 않는다. 반대로 단둥에서 구입한 북한 물건은 다시 보따리 장사꾼에 의해 한국으로 들어간다. 또 의류 등과 관련된 원재료는 기차와 트럭을 통해 국경 바로 너머 신의주로 넘어간다. 가끔은 단둥-북한을 공식적으로 운항하는 선박에 의해 운송된다.

북한에서 완성된 의류는 다시 보따리 장사꾼과 컨테이너를 거쳐 단둥페리를 운송 수단으로 삼아 한국으로 보내진다. 때로 단둥에서 판매되는 한국 물건은 북한으로 들어가면 더 이상 한국산이 아닌 중국산으로 팔리는 경우도 있다. 또 중조 국경을 넘을 때만 중국산이 되었다가, 북한에서 판매될 때는 한국산으로 팔리기도 한다. 반대로 단둥에서 판매되거나 경유한 북한 물건은 한국에서 북한산이나 중국산으로 유통되기도 한다. 이러한 사례는 불법보다는 국경무역의 특징과 편법을 활용한 것이 일반적이다. 이 조건 때문에 중국 내 다른 지역과 달리 보따리 장사꾼들이 한국으로 가지고 오는 물건에는 중국 및 북한 농수산물과 제품들이 함께 들어 있다. 북한과 한국의 관계 변화나 한국 소비시장의 상황(북한산에 대한 선호도 변화, 북한산보다 중국산의 가격 형성이 좋을 경우)에 따라 한국에서는 주로 중국산으로 유통되기도 한다.

2007년 북한 핵 사태 전후에도 단둥페리에 실리는 물건 금액은 한 항차에 약 15억 정도였다. 단둥페리 관계자는 "2011년 단둥 항의 항만 물동량은 7637만 톤이다. 1998년부터 15년간 단둥페리를 통한 인적 교류를 살펴보면, 약 150만 명이 단둥과 인천 두 도시를 오갔다. 정확한 수치를 잡을 수 없는 보따리 장사의 물적 교류를 제외하고, 이 배를 통해서 15년간 750만 개의 컨테이너가 오갔다. 한 컨테이너가 발생하는 자금 이동을 최저 1만 달러로 계산하면 총 750만 달러의 자금 이동이 있었다"고 설명한다. 이는 단순히 한국과 중국 간 자금 이동만을 의미하지 않으며, 한국과 북한의 무역 및 자금 이동도 포함되어 있다. 여기서 금액은 물건의 단가며, 세 나라에서 판매되는 단가는 또 다른 계산이 필요하다.

북한에서 소비되는 중국산과 한국산을 둘러싼 수수께끼

2000년대 들어 북중/중조 간 교역이 지속적으로 늘어났다. 이로 인해 중국을 상대로 한 북한의 교역 의존도가 높아졌다는 시각 그리고 이때 남북 교역의 감소가 북중 교역의 증가로 이어졌다는 시각이 주를 이뤘다. 이러한 시각은 북중경협의 확대 및 남북경협의 위축이라는 상호 대립적 관계로 바라보는 경향이 뚜렷하다. [26] 이런 맥락에서, 2011년 초 거의 동시에 보도된 두 기사 내용에 주목하게 된다. 한 기사는 북한 시장에 중국 제품이 80~90퍼센트를 차지한다는 점, 다른 한 기사는 북한에도 한류 열풍 즉 한국 물건이 유통·유행하고 있다는 점을 소개한다.

현재 북한의 대중 무역 의존도는 남한을 제외할 경우 거의 80퍼센트에 가깝다. 북한 시장에서는 중국 제품이 80~90퍼센트를 차지한다.[27]

통계청은 북한 주요 통계 지표 보고서에 부록으로 삽입된 경제사회상 부문에서 『열린북한통신』을 인용해 북한의 한류 열풍을 자세히 소개했다. 북한에 유통되는 제품은 믹서, 열풍기(온풍기), 가스레인지, 가스통, 은나노 도시락, 가스난로, 고압가마(압력밥솥), 행주, 장갑 등으로 이러한 제품에는 한국산 상표 이름이 붙어 있는 것으로 알려졌다.[28]

북한에서 소비되는 제품을 대조적으로 언급하고 있는 두 사례 중, 과연 북한의 현실은 어느 쪽에 가까울까? 전자는 북한의 경제 사정을 고려한다면, 상식적인 범위에서 예상 가능하다. 그러나 후자는 2010년 연평도 사건이 터지자마자 대북수해지원물자를 즉시 회수하는 한국 정부의 조치가 있었음에도 불구하고, 2011년에도 여전히 한국 물건이 북한에 어떻게 유입될까라는 의문을 갖게 한다. 분명 북한에서 중국과 한국 제품이 동시에 있는 것이 이해가 되지 않는 면이 있다. 나아가 대북 제재 혹은 대북 봉쇄 정책의 실효성에도 의문을 품게 한다.

하지만 다른 차원에서 본다면, 북한 시장에 중국과 한국 제품이 공존할 수 있는 이유가 몇 가지 있다. 먼저 중국은 북한과 한국의 제일 중요한 교역국이자 두 나라 모두 왕래가 가능한 국가다. 고로 중국은 두 나라를 연결하는 제3국으로서 큰 의미를 지닌다. 일반적인 무역 통계에서 보듯이, [29] 잡히지 않는 수치와 무역 활동이 중조 무역과 남북 무역 교류에도 있다. 이 문제를 더 파고들면, 중조 무역에서 보이지 않는 한국의 존재, 남북 무역에서 인식되지 않는 중국의 국경도시 단둥의 역할과 마주하게 된다.

국경무역, '북중 경제'의 빈 여백

2011년 북한과 중국의 경제 관계를 나타내는 지표는 한국 사회의 관심 대상이다. 한국 정부가 내세운 대북 봉쇄 조치에 대한 실효성의 판단 기준이 되기 때문이다. [30] 또 북한 경제의 변화에 대한 분석 도구로도 쓰인다. 이러한 상황에서 2000년대 전후의 중조 관계를 설명할 때, 한국 연구자들은 대표적으로 중국과 북한 사이에서 발생한 무역수지 통계를 인용하곤 한다. 예를 들어, 그들은 중조 무역 금액의 변동과 수출입 품목만이 있는 자료를 분석하거나 설명한다. 여기에서 무역 주체는 북한과 중국이다. 통계 내역에 대한 설명 등을 읽어보면, 북한과 중국의 경제 관계 외에는 해석될 여지가 없어 보인다.

그러나 단둥에서 실천되는 국경무역의 상황과 현실을 고려할 때, 통계 자료에서 잡히지 않는 부분과 주체들이 있다. 우선 연구자들의 공통적인 견해를 정리해보면 중조 국경무역에는 통계에 잡히지 않는 회색지대 즉 비공식 영역이 있다는 것이다. [31] 특히 보따리 무역은 중조 무역의 통계에도 잡히지 않는 경우가 많다. 보통 인민폐로 2000~3000원 이하 혹은 최대 6000원인 경우에는 통계에서 제외된다. 이를 두고 단둥사람은 "개미떼 이사"라는 표현을 쓴다. 말그대로 사람들이 끊임없이 국경을 넘나들면서 물건을 운반한다는것이다. 그리고 "사람들이 한 번에 운반하는 양은 한계가 있지만, 가격에는 한계가 없다"고 말하면서, 보따리 무역의 한도와는 상관없이, 그들이 담당하는 무역액의 규모를 우회적으로 지적한다. 실제로 북한사람이 한국사람에게 직접 구입해서 북한으로 가지고 가는 한국산 소형 노트북 혹은 동대문표 18K 액세서리만 놓고 보아도, 이 말의 의미와 통계치의 한계를 대략 알 수 있다. 중국의 식량수출업자들은 자신들이 확보한 쿼터보다 실제 선적시 통상적으로 30~50퍼센트 더 많은 양을 싣는 것으로 알려져 있다. 하지만 통계에는 확보한 쿼터만 잡힌다.

여기에 동참하는 것은 중조 국경을 오가는 사람들과 압록강의배들이다. 매일 중조 국경을 넘나들고 있는 화물 트럭과 버스 기사들(한족)뿐만 아니라 마음만 먹으면 북한에 갈 수 있는 조선족, 정기적으로 중조 국경을 왕래하는 북한사람과 북한화교의 인적 규모 그리고 그들이 운반하는 물동량과 가치를 생각한다면, 무역통계의 빈틈은 커진다.

이와 더불어 북한에서 단둥으로 나오는 소규모의 물건도 있다. 이 가운데 북한에서 제작된 수예품(수예작품, 이불과 한복 자수)들은부피가 작다. 고로 이 품목은 통계에 잡히지 않는 중조 국경을 오가는 국제 열차의 인편으로도 받을 수 있다. 단둥에서 활동하는 무역업자 사이에서는 "북한은 손기술과 관련된 제품을 만드는 데 있어서 가격 대비 최고이기 때문에 한국사람이 선호한다"라는 말을 한다. 이 말이 담고 있는 바는, 즉 이 물건들이 단둥에 머물지 않고 한국 소비자에게도 판매되고 있다는 것이다.

공식적으로 등록된 해상무역선 외에도 압록강변에는 무역과 관련된 국경 허물기가 가능한 수많은 배가 정박중이다. 이 배들은 단둥사람에게 국경 세관을 통과해야 되는 중조우의교 외에 국경 세관을 통과하지 않는 수많은 중조 무역 통로의 역할을 수행한다. 여기에서 이뤄지는 무역량은 통계 수치 영역 밖이다. 하지만 통계 수치 외에도 연구자들이 놓치는 내용이 있다. 통계 수치에는 중조 국경무역의 주체 가운데 한국사람의 경제활동은 잡히지 않는다.

즉 중조 무역의 수치를 만들어가는 주체는 북한사람과 함께 북한화교와 조선족(중국사람)으로만 여겨지고 있는 것이다. 그러나 단둥에서 중조 무역에 동참하는 또 하나의 주인공이자 주체는 한국사람이다. 그들이 포함될 때에만, 실질적으로 거래되는 중조 무역의 품목과 현황이 정확히 파악될 수 있다. 가령 이들은 단둥페리로 운반되는 물건과 삼마로에서 판매되고 구입되는 제품과 관련해, 중조 국경무역의 주체인 세 집단과 관계를 맺고 있다. 그리고 세 집단은 한국사람이 관련된 물건이나 한국산 제품을 사고팔지만, 이 물건들이 중조 국경을 통과할 때는 중조 무역의 통계 수치로만 계산된다. 이때 중조 국경무역 행위자들은 북한과 중국 국민으로만 상정되는 한계가 있다.

단둥의 국경무역에서 삼국이 참여할 수 있는 조건과 현실을 이해하려면, 단둥에서 북한으로 수출되거나 반입되는 물건의 원산지와 유통 흐름을 짚어봐야 한다. 단둥에는 한국사람이 사장직을 맡고 있거나 북한사람이 노동자로 일하는 봉제공장이 산재해 있다. 간혹 북한에서 제작된 의류가 최종적으로 단둥의 중국 회사에서 마무리 공정을 거치는 때도 있다. 여기에서 만들어지는 의류는 다양한 방법을 통해 중국이 원산지가 된다. 따라서 이런 방식을 통해 단둥에서 만들어진 제품이 한국에서 소비되다가 다시 중국으로 넘어가는 경우를 상정할 수 있다. 한국에서 소위 '땡처리' 되는 의류와 제품들이 액면가가 아닌 무게를 달아 다시 중국으로 재수출되는 사례도 있는데, 이것을 구입하는 주 고객 중에는 북한사람도 있다.

이 과정에서 무역 주체 가운데 한 축은 북한사람과 한국사람이다. 허나 물건은 대부분 북한에서 생산 공정을 거쳤음에도 원산지가 중국으로 표시되어 있다. 이 경우 북한사람은 이러한 물건들을 중국산으로 인식하고 구매한다. 심지어 어떤 탈북자는 한국 연구자와 언론에 "자신들은 중국산을 소비했다"고 진술하기도 했다. 이러한 물건에는 국경 즉 국적이 표시되어 있지만, 그 물건을 생산·유통하고 소비하는 과정에서 국경은 무의미함을 보여준다. 오히려 물건 가격이 국경을 통과하는 이유가 된다.

전술한 사례와 더불어, 단둥사람은 원산지와 관련해 국경을 허무는 방식을 알고 있다. 한국 제품이 기본적으로 북한에서 통관이 이뤄지지 않는다는 선입견이 있지만, 중조 국경무역의 장에서는 "MADE IN KOREA"라는 표시에서 최소한 "KOREA"를 지우면 별문제가 되지 않는다. 2007년 대북 무역의 한 장면을 경험한 어느 조선족은 내게 "요즘은 MADE IN KOREA라는 표시가 있어도 통과되곤 합니다. 북한사람도 중국에서 한국 짝퉁을 많이 만들고 있다는 것을 알고 있습니다. 그래서 북한 세관에 이렇게 말하면 됩니다. 이것은 중국에서 만든 한국 짝퉁이다. 그러면 문제가 없습니다"라는 일화를 알려주기도 했다.

이처럼 국경 너머에서 만들어진 한국 제품은 북한에서 묵인이라는 방식으로 유통되거나 원산지를 중국산으로 바꿔서 유통되기도 한다. 이런 점들을 고려할 때, 물건의 원산지 혹은 생산지가 표기된 라벨을 주목하기보다는 중조 무역의 주체와 유통 흐름 그리고 한국 제품이 북한으로 들어가는 방식을 고찰할 필요가 있다.

중국 업체의 실질적 사장은 누구인가

중국 업체와 외국 기업을 향한 시각의 확대도 살펴볼 지점이다. '중국 업체'라는 명칭에는 북한화교나 조선족이 운영하는 회사도 해당된다. 한국사람이 자본을 투입한 중국 회사도 여기에 속한다. 이 업체는 북한사람뿐만 아니라 한국사람도 상대한다. 북한과 거래하는 한국사람은 기본적으로 직접적인 거래가 쉽지 않고, 중국의 무역 관련 규제로 인해 중간에 중국 업체가 개입하는 방식을 선택한다. 한편 단둥에 북한의 민경련 대표가 상주하는 이유는 한국사람을 상대로 직접적인 경제 거래를 하기 위해서다. 그러나 이익 창출의 극대화, 즉 가격 문제 때문에 네 집단은 민경련보다는 중국 회사를 중간에 두고 간접적으로 경제 교류를 하는 것을 선호할 때도 있다. 따라서 표면상 국경무역이 이뤄지는 중간 과정에서 중국 대리무역회사가 주도하는 모양새가 되는 것이다.

그 결과 통계에 잡히지 않는 북한과 한국의 거래가 늘어나면, 중조 무역의 통계 수치는 올라갈 수밖에 없다. 단둥에는 남북경협에서 무관세라는 국경 허물기를 뒷받침해주는 민경련이 있지만, 국경무역에서는 오히려 현실적인 이유로 중국 회사를 이용하는 국경 만들기 전략이 활용된다.

이와 반대로 '외국 기업'이라는 명칭은 남북 무역과 관련된 국경 허물기를 드러나지 않게 하는 방식에 동원된다. 한국 기업과 거래를 통해 대북사업을 하는 북한화교와 조선족에게 중간업자의 역할을 물으면, 그들과 친해지기 전에는 "자신은 조선(북한)과 외국 기업을 연결하는 일을 조직한다"고 말한다. 세 나라가 개입된 국경무역에서 국경 허물기와 관련된 대북사업을 하고 있음에도 불구하고, 그들은 단둥에 있는 한국 회사도 외국 회사로 지칭한다.

이러한 상황의 연장선상으로 북한과 중국 무역에서 임가공 사업이 늘어나는 원인도 이해할 수 있다. 여기서 생각해볼 점은 남북경협 가운데 단둥에서 행해지는 임가공이 차지하는 비중과 더불어,

그것이 어떻게 이뤄지고 있는지 살펴보는 것이다. 중조 무역과 남북 경협의 유통 흐름을 파악하고 있는 단둥의 중국 해운회사에 10년 가까이 근무한 한 사람은 2007년 기준으로 임가공을 포함한 북한과 한국의 실질적인 무역에서 95퍼센트가 단둥에서 이뤄지고, 평양과 한국의 직거래 규모는 5퍼센트 정도로 파악한다.

　마지막으로 중국으로 수출하는 북한 품목의 최종 도착지가 어디인지를 살펴봐야 한다. 이를 위해서는 중국에서 한국으로 수출하는 품목은 무엇인지 알아볼 필요가 있다. 중조 무역상의 흐름만 주목하는 것이 아니고, 한국에서 단둥으로 수출하는 품목과 더불어, 단둥에서 한국으로 들어오는 물건은 무엇인지 생각할 때, 단둥에서 행해지고 있는 국경무역의 지형도가 더 선명해진다.

　2007년 기준으로 북한은 납, 구리, 니켈 등의 지하자원을 단둥으로 수출하고, 단둥에서는 이 물자를 한국으로 수출하는 구조가 이어지고 있다. 이 때문에 단둥 수출 물량의 50퍼센트가 북한산으로 추산된다. 그런데 한국에 들어가면 중국산이 되는 방식이 유지되고 있다. 또 다른 예로, 압록강과 서해에서 잡은 수산물은 누가 잡았는지가 아닌 최종적으로 바다에서 누구에게 넘겨졌는지에 따라 원산지가 결정되는 거래 방식도 있다. 가령 북한 어선이 잡았지만, 바다에서 중국 어선으로 옮겨진 수산물은 중국산이다. 이를 주로 한국 수입업자들이 한국으로 수출한다. 다만 이런 일의 대부분은 북한화교와 조선족이 한국사람을 대신해 일을 처리하기 때문에, 이러한 유형의 무역 거래에 한국사람은 있지만 표면적으로 무역 서류에 드러나지 않는다.

지금까지 언급한 바에 비춰볼 때, 중조 국경무역을 양 국가만의 무역으로 분석하는 논의에는 한계가 있다. 따라서 단둥에서 행해지는 국경무역의 특징과 성격을 이해하려면 국경 허물기, 즉 세계는 하나의 시장이 되고 있으며 생산체제와 소비시장, 원료 공급원 등은 이제 국경을 초월하여 형성되고 있다는 것을 떠올릴 필요가 있다. [32]

단둥의 국경무역에서 세 나라 간 경제활동은 각 나라뿐 아니라 각국의 국민이 지향하는 목표에 부합된 형태로 이뤄지거나 혹은 엇갈린 형태로 전개된다. 이와 더불어 국가나 개인 차원에서 이익 창출을 목적으로 하는 국경 만들기도 실천되고 있다. 여기에는 북한 사람도 예외가 아니며 한국사람의 동참도 포함되어 있다. 이 점을 감안한다면, 북한에 대한 중국과 한국의 경제 관계가 중조 무역과 남북경협(무역)이라는 각각의 장에서 이루어지고 있다는 시각과 분석에 대한 재해석이 요구된다.

남북경협은 한국의 일방적인 퍼주기인가

상업적 거래와 비상업적 거래를 모두 포함하는 남북경협의 범주로 인해, 한국 사회에서 남북경협의 이미지는 북한에 대한 한국의 일방적인 퍼주기식 관계라는 선입견이 강하다. 다시 말해 남북경협의 통계 금액 모두 비상업적 거래라는 편견이 있는 것이다. 하지만 남북경협에서 상업적 교역 대 비상업적 교역의 비중은 6대 4 정도에서 2006년 이후 8대 2 비중을 보이는 것이 현실이다.[33] 나아가 원자재 수입이 포함되는 상업적 거래의 교역에서 나타나는 수치가 그대로 북한의 외화 수급과 연결된다고 볼 수는 없다.[34]

이처럼 남북경협은 북한에 대한 한국의 일방적인 퍼주기가 아니다. 오히려 상업적 교역의 비중이 높다. 원자재 수입이 북한의 외화 수급과 연결되지 않는다는 지적에 대한 근거는 단둥에서 한국사람이 운영하는 의류 회사를 통해서 보충할 수 있다. 이 회사가 북한 공장에서 임가공을 하면 다음과 같은 상황이 발생한다. 먼저 원자재는 중국 물건을 북한으로 보내야 한다. 그리고 남북경협에서 관세 혜택을 받기 위해서는 자금 내역은 한국에 신고해야 한다. 이 경우 원자재비용은 실질적으로 중국에 지불했지만, 남북경협에서는 한국이 북한으로 원자재비용을 지출한 것으로 통계가 잡힌다. 그러나 한국 회사는 임가공 비용 가운데 북한의 민경련에 임가공 노동비만을 지급한 상황이다.

이러한 양상이 전개되고 있다는 것은 2003년 기준 북한의 대중 수출의 경우 보세무역이 전체의 70퍼센트, 수입의 경우 5퍼센트 미만이라는 통계에서도 찾을 수 있다.[35] 북한으로 수출되는 원부자재는 보세무역에 해당되지 않는다. 중국산이 수출되기 때문이다. 그러나 원부자재로 가공된 의류의 경우, 주로 보세무역을 통해 중국을 거친 뒤 한국에 도착한다. 이러한 이유가 위 통계에서 북한 보세무역의 수출입 차이가 생기는 원인 중 하나다.

한국 회사가 다른 나라에서 제조하는 것보다 북한 임가공의 경비가 많이 생길 때, 거래를 유지할 회사는 없다. 위탁가공교역은

1992년에 시작되었는데 등락이 심한 단순 교역과 달리 지속적인 증가세를 유지하고 있다. 위탁가공교역 품목은 2005년 당시 90퍼센트가 의류에 집중되었다. 나머지는 TV 등 전기·전자제품이 7퍼센트, 생활용품이 3퍼센트를 차지했다. 남북 위탁가공교역에 참가하고 있는 남측 업체의 수는 연간 100~150곳 정도로 유지되고 있다. [36]

이러한 배경에는 남북경협에서 위탁가공교역은 한국 회사의 이윤 창출(동남아에 비해 가공 시간 단축과 가공의 질이 높음)이 있다는 사실이다. 이 같은 무역이 유지되어왔기 때문에 상업적 교역의 비중이 높은 것이다. 한편 위탁가공교역을 포함한 북한을 상대로 하는 무역은 북한의 내부 사정으로 위험 부담이 높은 것이 현실이다. 하지만 다른 국가에 비해서 그만큼 이윤 창출 혹은 수익률이 높다는 것이 단둥사람의 판단이자 투자 배경이다.

남북경협에서 상업적 거래는 기본적으로 한국 사업가들의 이윤 추구가 주요한 동기가 된다. 2002년부터 단둥에서 대북사업을 하고 있는 한국사람은 대북사업에 대해 "북한에서의 작업상 장점은 봉제의 질이 중국이나 다른 신흥 개발도상국의 수준보다 평균적으로 우수하다. 남한 거래처가 내수용으로 수입하는 경우 관세면제를 받을 수 있다. 중국 생산에 비하여 임가공비가 저렴하다"는 것을 장점으로 꼽았다. 아울러 이러한 경제활동의 수혜자는 한국 기업가와 좀 더 싼 물건을 소비할 수 있는 한국사람이라는 점을 덧붙였다.

관련된 구체적 예로 A 회사는 단둥에서 한국 대기업의 하청을 맡은 회사 중 하나다. 이 회사는 대북 무역 가운데 의류 분야에서

2013년 북한의 제3차 핵실험 직후 압록강 풍경. 북한 선적의 배에
현대 명칭이 선명한 컨테이너박스가 보인다. 물론 안의 물건이 무엇인지 확인할 수는 없지만
이러한 풍경이 일상적인 이곳은 같은 시기 핵실험을 통해 형성된 북한을 바라보는
한국 사회의 시선과 사뭇 다름을 알 수 있다.

가장 큰 규모인 곳도 아니다. 하지만 한국사람이 사장과 팀장이고, 조선족과 북한화교가 통역과 북한사람을 상대하며, 한족이 자재를 관리하고, 북한사람이 정기적으로 방문하는 A 회사는 2009년 등산복 약 80만 장을 북한에서 만들었다. 그뒤 A 회사에서 제작한 의류는 홈쇼핑과 등산품 가게들을 통해 한국 소비자에게 판매되었다. 가격 대비 품질 경쟁을 할 수 있었던 이 의류는 매진되어 추가 생산에 들어갔다.

단둥에 살고 있는 한국사람에게 대북사업의 전설 즉 성공한 사업가로 기억되는 한국사람은 한국이 IMF위기를 겪던 시절 이전인 1990년대 중반에 대북사업을 했던 이들이다. 그들 가운데 어떤 이는 자신과 연결되지 않는 한국 대기업은 없었다는 말까지 했다. 또 한 번의 전성기는 2005년 전후였다. 그때를 단둥의 한국사람은 "마음 편하게 사업을 할 수 있었던 시기"로 기억한다.

2006년 가을 북한의 핵실험 발표 때, 대북 무역은 유지되었다. 2007년 12월 한국의 대통령 선거가 있던 날, 단둥의 한 식당에서 만난 북한사람과 한국사람들이 "위(북한 정부와 한국 정부)에는 아직 안 맞지만, 이미 밑(북한사람과 한국사람)에는 마음이 맞고 있다"라는 덕담을 주고받기도 했다. 이 표현은 네 집단이 대북사업을 성공적으로 추진할 때 북한과 한국이 아직 통일은 되지 않았지만, 자신들은 경제적으로 통일을 이루고 있는 통일 선구자임을 자축할 때 자주 쓰는 말이다.

MEMO 4 북한 노동력에 대한 한국 연구자의 평가

장경섭은 북한 내 양질의 저임 노동력을 주목하면서 다음과 같이 이야기한다.[37] "북한 노동력은 젊고, 남녀가 함께 일하고, 교육수준이 높고, (그동안의 빈곤에도 불구하고) 건강하며, 조직규율에 익숙하고, (빈곤하기에) 노동의욕이 강하다. 이런 노동력은 쉽게 얻어지지 않으며, 북한은 노동인구 수치를 훨씬 넘어서는 잠재적 노

2010년 한국에서 일어난 천안함 사태와 연평도 포격 사건은 단둥의 국경무역에도 영향을 미쳤다. 이명박 대통령의 "5·24 대북 제재 조치", 즉 남북 무역 중단은 국경 너머 북한뿐만 아니라 또 다른 국경 너머 단둥에 살고 있는 한국사람의 경제적 삶에도 영향을 줬다. 그러나 한국사람을 제외한 단둥의 국경무역에는 또 다른 기회이기도 했다. 일본 무역가들이 빠져나간 자리에 한국사람이 들어가 비교적 활성화되고 있던 북한의 임가공 사업은, 제재 조치 이후 다른 나라 업체를 상대로 새로운 사업 파트너가 될 기회의 장이었다. 특히 중국 노동자의 인건비가 오르는 상황에서 북한의 임가공은 중국 의류업체로서는 중요한 투자 대상이었다.

이런 정황에서 단둥 한인회 회장은 한국 언론에 "앞으로 장기간 북한산을 수입하지 못한다면 북한 제품을 중국에서 수입해 메이드 인 차이나로 상표를 바꾼 다음 한국으로 들여가는 수밖에 없다"고 말했다. [38] 앞에서 언급한 바처럼 이러한 방식은 단둥의 국경무역에서 뚜렷하게 존재했다. 이를 적극적으로 활용한 경우는 삼국 무역 외에도 있었다. 북한과 일본 사이에 국경 만들기가 심해지면서, 일본사람이 단둥사람의 경제활동 방식을 택했던 것이다. 2011년 5월 어느 날, 일본 경찰이 북한에서 의류를 위장 수입한 업자를 체포했다는 뉴스가 보도되기도 했다. [39]

동력을 보유하고 있다고 볼 수 있다. 남녀 공통의 노동참여, 높은 교육수준, 양호한 건강상태, 훈련된 조직생활은 사회주의가 남긴 유산이며, 마찬가지 이유로 매우 강력한 노동인구 경쟁력을 보유한 중국인 세계의 공장 지위를 획득한 것이 시사적이다. 이미 북한 노동력을 활용한 경험이 있는 남한 기업들은 이들의 자질과 태도에 크게 만족하며 중국 노동자들보다도 더 낫다."

중조 국경의
두 가지 코드,
경계 혹은 공유

압록강과
중조 국경을
향한 선입견

한국 사회에서 (단둥과 관련해) 압록강 하면 떠오르는 이미지는 무엇이 있을까? 우선 이성계가 회군한 곳으로 잘 알려진 위화도가 단둥과 신의주를 사이에 두고 압록강에 있다. 박지원은 『열하일기』에서 압록강을 건너 소위 청나라 변경(국경)으로 간주되던 책문으로 향하는 160리의 여정을 묘사했다.[40] 일제 강점기에 손기정 선수는 신의주에서 압록강단교를 거쳐 단둥까지 출퇴근길을 걸어가기도 했는데, 이는 자연스레 마라톤 연습이 되었다는 유명한 일화도 있다. 또한 이미륵의 소설 『압록강은 흐른다』는 2008년에 SBS 드라마로 방송되기도 했다. 이처럼 압록강은 사람들이 강변 양쪽을 넘나들던 곳이었다.

하지만 한국 사회에서 압록강에 대한 강렬한 인식은 한국전쟁 당시 미군에 의한 압록강 다리 폭격의 상처로 얼룩져버린 끊어진 다리가 담긴 사진 한 장 그리고 교과서 지도에서 보듯 한 줄의 선으로 표시된 넘어갈 수 없는 국경의 이미지로 각인되어 있다.[41] 단둥을 방문하는 한국 관광객은 현재의 압록강을 바라보면서 위화도, 『열하일기』, 손기정 등을 떠올리다가 결국에는 또 하나의 넘어갈 수 없는 국경, 즉 휴전선의 이미지를 새긴 채 돌아간다.

단둥을 찾은 한국 관광객은 압록강단교 위에서 일종의 퍼포먼스를 한다. 강 중앙이 국경이라는 관광가이드의 안내와 함께, 국경의 형태를 하나의 선으로 인식하고 있는 그들은 다리 중간을 지나는 순간 국경을 뛰어넘으며 사진을 찍는다. 그 순간 압록강의 한복판은 하나의 선으로 그어지고, 그곳이 바로 국경이 된다. 그러나 압록강 중앙이 국경이라는 것은 관광가이드의 이벤트 연출을 위한 왜곡된 설명이자, 국경 조약의 특징을 모르는 한국 관광객의 상황이 합쳐져 나타나는 현상이다.[42] 그 결과 관광객은 압록강의 폭 전체를 압축된 하나의 선으로 생각하는 통념을 강화한 채 한국으로 돌아간다. 하지만 중조 국경조약으로 인해 압록강은 국경이자 북한과 중국의 공유지역이 되고 있다.

공유:
중조 국경은 장벽이 아니다

중조 국경은 1962년 10월 양 국가가 비공개 형식으로 체결한 것으로 알려진 '국경조약'과 '국경문제합의서' 그리고 1964년 3월에 작성된 국경에 관한 '의정서'에 근거를 두고 있다.[51] 북한과 중국의 국경조약에서 내가 주목하는 내용은 압록강의 공유(공동 관리 및 사용), 경계 팻말, 섬과 사주砂洲 등이다. 이 단어들이 함의하고 있는 것은 국경이 곧 선이라는 선입견과는 달리, 국경과 관련된 압록강의 특

한국의 시각
중조 국경조약에 대한

1960년대 체결된 중조 국경조약에 대해서, 이현작은 "북한과 중국 정부가 유엔사무국에 등록하지 않았고 공식적으로 그 실체를 인정하지 않고 있지만 양국 당국에 의해 시행되고 있다. 중국 국제법 교과서는 중국이 북한을 포함한 12개 국가와 국경조약을 체결하여 국경 문제를 해결했다"고 설명한다. [43] 한편, 중조 국경조약에 대한 문제의식을 제기할 때, 한국 연구자들은 간도협약 혹은 조선과 명나라의 영토 분쟁에 대한 논쟁에서 풀어나간다. 이때 압록강과 관련된 역사에 대한 한국 연구자들의 시각은 빠지지 않는다.

2004년 9월 3일 한국의 여야 의원 59명의 발의로 '간도협약 무효 결의안'이 국회에 제출되었다. 그 이후에도 한국 사회에는 간도협약 무효와 함께 고토 수복을 외치는 목소리가 존재한다. 근거는 대한제국의 외교권을 빼앗은 일본이 간도협약으로 간도를 넘겨줬다는 것이다. 이를 통해 일본과 청나라 사이에 체결된 협약이므로 국제법상 무효 혹은 재론의 여지가 있다는 주장을 함께한다. [44] 간도 [45]는 역사적으로 한국의 영토라는 것이다. [46] 또 다른 한편에서는 조선과 명나라의 국경선이 압록강이 될 수 없음을 주장한다. [47] 혹은 고려와 조선 그리고 명나라와 청나라 시대에 압록강과 두만강 이북은 무인지대, 완충지대, 비무장지대, 점이지대, 공한空閑지대였음을 언급한다. [48] 또한 두만강과 압록강을 국경이라고 규정지은 것은 1909년 일본이 불법적으로 청국과 소위 간도 협약을 체결한 결과라고 말하기도 한다. [49] 이러한 이해를 전제로 한국 연구자들은 현재의 중조 국경조약은 자동적으로 무효라는 논리를 펼친다.

하지만 한국 사회의 역사 논쟁과는 별도로, 중국 조선족 연구자인 김춘선은 1909년에 체결된 간도협약은 결과적으로 이전의 조선과 청나라의 영토 분쟁을 일단락짓게 만들었다는 견해를 밝힌다. [50] 한편 이전의 모든 국경 관련 문건은 효력을 상실한 것으로 규정하고 있는 1960년대 초반, 북한과 중국이 맺은 국경조약이 현재 중조 국경의 큰 틀이자 바탕인 것이 현실이다.

색이 드러나는 요소라는 점이다. 북한과 중국은 압록강을 공유 및 공동 관리하고 있으며 양국의 사람들은 압록강의 특성을 활용한다. 이것은 국경에 의해서 양국의 국경지역이 나누어지는 것뿐만 아니라, 함께 공유하는 부분도 있음을 의미한다.

단둥 시내를 중심으로 예를 들어본다면, 압록강에는 밀수에 이용되는 배뿐만 아니라 북한과 중국의 모래채취선, 유람선, 순시선, 어선, 화물선 등이 공존한다. 2006년 이전에는 국경 표시를 대신해 압록강이라는 단어가 새겨진 비석이 단둥 시내 관광지에 있었다. 사주는 국경이 고정된 것이 아니라 끊임없이 변할 수 있음을 의미한다. 압록강의 본류가 흐르지 않는 국경지역이 존재함으로써 국경을 구분하기 힘든 경우가 있다. 북한의 황금평이라는 섬에는 중조 국경지역을 가로지르는 실개천이 흐른다. 2006년 이전만 해도 이곳에는 국경을 표시하는 어떤 것도 목격되지 않았다.

중조 국경조약의 내용과 국경지역의 지리적 특성은 압록강을 사이에 두고 살았던 양국 사람들의 삶에 영향을 미쳤다. 근대국가 간 국경을 통한 사람들의 교류에서 요구되는 여권 혹은 비자라는 공식적인 틀만이 중조 국경지역에 있는 것은 아니다. 시대별 이해관계에 따른 북한과 중국 간 교류의 단절을 비롯해 양국의 관문이라고 여겨지는 공식 공간(세관 또는 중조우의교)이 아닌 곳에서 형성된 중조 국경지역의 문화를 더욱 들여다볼 필요가 있는 것이다.

"등안은 했지만 월경은 하지 않았다"

압록강 바로 옆에 조선족 학교가 있던 1990년대 초, 조선족 학생들은 강 건너 신의주 강변까지 헤엄을 쳤다. 그때를 회상하는 40대의 한 조선족은 다음 상황을 말하지 않았지만, 신의주의 물가를 벗어나지는 않았다고 한다. 어린 시절 신의주에 살았던 30대의 북한 화교는 수영을 하고 있으면, 단둥의 외할아버지가 배를 타고 와 자신에게 아이스크림을 줬던 추억을 말했다. 특히 여름철이면 압록강에서 수영하는 사람들이 단둥과 신의주의 강변 양쪽에서 쉽게 목격된다. 단둥사람은 "압록강에 스쿠버다이버가 있다고 상상을 해보라"고 말하거나, "물속에서 양쪽 사람들이 만날 수 있다"고 농을 던지기도 한다.

중국 측 유람선은 신의주 강변에 최대한 접근해서 운행한다. 북한의 국기가 펄럭이는 모래채취선은 신의주보다는 단둥의 강변 쪽에 가깝게 자리를 잡고 강바닥에서 모래를 퍼올린다. 이런 풍경이 가능한 이유는 압록강이 두 나라의 공유지역이라는 중조 국경조약의 규정이 있기 때문이다.

단둥사람은 위의 행위들이 가능한 이유에 대해서 좀 더 구체적으로 설명한다. 그들의 설명에 따르면 양 국가는 압록강 너머 신의주(단둥)에 발을 올려놓아도, 배에 손만 놓치지 않으면 국경을 침범하지 않았다고 여긴다. 이는 다시 "등안登岸은 했지만 월경越境은 하지 않았다"라는 문구로 정리된다. 이 표현은 압록강에서 사람들이 할 수 있는 행위를 함축하고 있다. 즉 단둥과 신의주 사이에는 양 국가의 국경이 있고, 양쪽의 강변에 서서 대화를 할 수 없는 압록 강의 강폭이 있지만 그들은 이에 아랑곳하지 않고 교류하고 있음을 의미한다.

이 문구는 압록강에서 펼쳐지는 교류와 공유 문화의 가능성만을 말하는 것이 아니다. 단둥사람과 신의주사람은 이를 적극적으로 활용해 압록강에서의 삶을 이어가고 있다. 그들에게 압록강은 양 국 가를 연결하는 경제적 삶의 수단이 되고 있다. 단둥사람의 삶의 영 역은 국경으로 인해 제한되거나 단절되는 것이 아니라, 국경 너머의 북한사람과 교류하며 공유하는 곳이라 할 수 있다.

한편 단둥사람은 압록강이 중조 공동수역이기 때문에 홍수가 날 경우 강폭이 넓어지는 현상을 빗대어 "압록강에는 국경이 없다"라 고 말한다. 이 문구에는 압록강은 비록 국경이지만, 교류를 방해 하는 국경의 의미가 없음을 함축하고 있다. 압록강은 양 국가를 이 어주는 통로이자 공유지역의 성격이 강하기 때문이다. 다시 말해서 단둥과 신의주에는 국경이 있지만, 국경이라는 존재가 그들의 일상 에 제약으로 작용하지 않았음을 말한다.

북한의 강변에 정박한 중국 배. 배에서 사람만 내리지 않으면
국경조약에 의해서 이러한 행위는 불법이 아니다. 이를 두고 단동사람들은
"등안은 했지만 월경은 하지 않았다"고 표현한다(위).

압록강대로라는 도로가 건설되면서 한국전쟁 당시
중국 군대의 압록강 도하 장소가 관광지로 탈바꿈했다(아래).

압록강에 있는 섬은 대부분 북한 섬인 가운데,
월량도는 몇 안 되는 중국 섬을 대표하는 곳이다.

(국경)조약에서 알 수 있듯이, 홍수가 나면 단둥과 신의주
도 압록강이 되는 상황을 상상해보세요. 이런 경우, 단둥
사람이 신의주 시내로 배를 타고 가도 월경이 아닙니다.
한겨울 압록강이 얼 때 압록강에서는 한족과 조선(북한)
사람들이 다니는 길이 하나입니다. 그러니까 여름에는 강
물이 늘고 가뭄 때는 물이 주는데 그때마다 국경선이 바
뀝니다. 나도 어릴 적에 물가에 나가 많이 놀았는데, 조선
쪽 뭍으로만 나가지 않으면 아무 일없습니다. 겨울에 얼
음이 얼면 이쪽 아이들과 저쪽 아이들이 한데 어우러져
썰매를 타기도 하였고, 음식도 나눠 먹었습니다. 1960년
대와 1970년대 한족과 조선족들이 식량을 찾아 압록강을
건너갔다 오곤 했죠. 그리고 지금(2007년)도 이러한 모습
에는 큰 변화가 없습니다.

－1955년 단둥 출생 조선족(남),
북한과 한국을 연결하는 사업가

　　단둥사람은 중조 국경을 "국가 간에 인위적으로 그어놓은 선일뿐
이다. 우리는 이웃과 친구로 지낸다"라고 말한다. 이러한 일상적인
교류에 대해서, 북한과 중국 양쪽 모두 국가 차원에서 엄격하게 관
리하지는 않았다. 국가의 시선으로 보면, 그들의 만남과 교류는 비

MEMO 5　항 미 원 조 기 념 관

단둥은 항미원조전쟁의 중심지였고, 중국이 지켜낸 국경도시다. 그리고 항미원조
전쟁에 대한 중국의 역사의식이 구체적으로 표현된 곳이 단둥의 항미원조기념관
이다. 단둥은 중국의 최대 국경도시로 알려져 있지만, "영웅도시"라는 별칭 또한
갖고 있다. 이 기념관에서 항미원조전쟁에 대한 중국의 입장과 단둥을 재구성하
려는 중국의 의도와 노력을 엿볼 수 있다. 항미원조기념관은 국경지역인 단둥 시
내와 국경 너머 신의주 전경 그리고 중조 국경의 상징인 압록강이 한눈에 들어오

공식적 혹은 불법의 잣대다. 그러나 그들에게 만남과 교류는 국가의 잣대를 떠나 일상의 한 부분이다.

하지만 2000년대 접어들어 압록강은 공유지역에서 이제 경계(단절 혹은 분리)와 관련된 현상이 점점 짙어지는 국경으로 변화되고 있다. 그들이 공유하는 삶에는 영향을 미치고 있지 않지만, 경계 즉 국경을 구분하는 요소와 현상이 늘어나고 있다. 이러한 조건에서 살고 있는 단둥사람은 국경 만들기가 강화되는 현상을 목격한다. 동시에 국경을 그들의 생활 수단으로 활용하고 있다. 전자가 전국 애국주의 교육 시범기지와 관련되어 있다면, 후자는 또 다른 국경의 모습에서 볼 수 있다.

국경을 만드는 방법: 전쟁의 역사를 이용하다

한국사람이 간과하는 단둥의 특징이 하나 있다. 이는 바로 압록강 단교의 관광지 벽면에 새겨진 '전국 애국주의 교육 시범기지'라는 문구다. 이 문구는 중국사람에게는 관광 코스로 꼭 챙겨야 할 이유 중 하나이지만, 한국사람을 그다지 주목하지 않고 스쳐지나가곤 한다. 이 내용은 중국의 과거, 현재 국경(변경)과 관련된 단둥의 건물들과 결합되어 있다. 단둥에는 한국사람의 관광 코스에 포함되지

는 위치에 자리잡고 있다. 항미원조기념관은 1958년에 처음 지어졌고, 정전협정이 체결된 1953년을 잊지 말자는 뜻에서 53미터 높이로 만들어진 기념탑이 세워져 있다. 정전 서명 40주년이었던 지난 1993년 7월 27일에 확장공사 준공 기념식을 가지기도 했다. 기념식을 주관한 인물이 "당시(1993년) 중국 공산당 정치국 상무위원이었던 후진타오 현 국가주석이다"라는 이야기는 단둥사람이 항미원조기념관의 위상을 이야기할 때 꼭 언급하는 일화다.

않는 항미원조기념관이 있다. 다른 하나는 한국사람에게 단지 중국의 역사 왜곡의 현장으로 인식되는 기념물이 있다. 그곳은 중국에서 호산장성이자 만리장성으로 알려지고 있다.

더불어 한 건축물에 대해서 중국사람과 한국사람 사이에 동상이몽의 양상을 보이는 역사물이 압록강변의 단둥 국경지역에 위치하고 있다. 바로 압록강단교다. 이것들을 통해, 단둥은 중국에서 전국 애국주의 교육 시범기지로서의 위치를 자리매김하는 중이다.

예를 들어, 2007년 단둥의 모습을 소개하는 책자에 첫 줄은 늘 "단둥은 만리장성의 동단의 기점이다"라는 표현으로 시작된다. 호산장성을 소개하는 현지 책자를 보면, 만리장성이라는 서술과 함께 현재의 국경을 강조하는 부분이 빠지지 않는다. 단둥의 주요 관광지에서 북한 혹은 신의주를 볼 수 있음을 강조하는 것처럼, 호산장성은 역사 기념물이자 국경 너머의 이국적인 풍경인 북한을 바라볼 수 있는 최적의 장소임을 강조한다. 북한과 관련된 국경을 언급하는 내용이 주를 이루는 가운데, 현재의 중조 국경과 국경 너머 다른 나라의 국경지역을 느낄 수 있다는 점이 부각되는 것이다.

이처럼 과거의 변경과 현재의 국경이 호산장성에 접목되고 있다. 단둥은 중국 역사에서 변방의 상징물인 만리장성과 현재의 중국 영토 끝자락인 중조 국경이 결합되는 곳이다. 이 때문에 중국 역사 속의 변경 확대와 오늘날 국경 인식 강화의 효과가 나타난다. 호산

MEMO6 호산장성 혹은 만리장성: 중국의 역사 만들기 현장

중국의 동북공정이 단순히 역사 논쟁의 장이 아닌 현실에서 목격되고 있는 곳은 단둥의 호산장성이다. 호산장성은 단둥 시내에서 약 12킬로미터 떨어진 압록강변에 자리잡고 있으며, 강을 사이에 두고 북한의 우적도와 의주군을 바라보고 있다. 중국은 호산장성이 만리장성의 동단의 기점이라고 주장을 하는 반면, 한국은 중국의 입장을 역사 왜곡이라고 반박하면서, 그곳은 원래 한국의 역사인 고구려의 '박작성'임을 강조한다. 한편, 2007년 단둥사람에게 "호산장성이 만리장성인

장성은 중국사람에게 새로운 기억을 만들어줄 뿐만 아니라 과거와 현재의 변경 및 국경에 대한 중국의 입장에 대해 정당성을 부여해 주는 문화자원의 역할을 한다. 호산장성에서는 중국의 역사 만들기와 국경 만들기 현상이 계속 펼쳐지는 중이다.

또 다른 경계-
이미지들:
철조망,
압록강대로,
고층 아파트
：

2008년 백두산 천지의 언덕에 북한과 중국의 국경을 나누는 경계의 징표는 '禁止越境 Don't cross the border illegally'가 명시된 어른 무릎 높이의 나무 말뚝이었다. 이들을 연결하는 것은 가느다란 몇 가닥의 줄이다. 중조 변경이라는 작은 비석과 더불어 이 선만이 그곳이 국경 부근임을 일깨워줬다.

한편, 2006년 이전 단둥에는 국경을 상징하는 철조망이나 장벽이 없었다. 중국 국경의 경계 팻말은 단둥 시내에서 사람들의 눈에 보이지 않았다. 다만 드물게 설치된 '중조변경中朝邊境'의 문구가 적힌 비석만이 국경 지역의 위치를 알 수 있는 상황을 연출했다.

하지만 2006년 압록강대로가 개통되면서, 한국전쟁 당시 중국 군대가 압록강을 도하했던 장소가 관광지로 조성되기 시작했다. 그곳에는 이전에 압록강에서 빨래를 하기 위해 아주머니들이 이용하

가?"라는 질문을 하면, 호산장성의 변화 과정을 지켜본 30대 이상의 단둥사람은 그냥 웃음으로 넘긴다. 그러나 20대 이하의 경우에는 호산장성을 주저 없이 "중국의 만리장성이다"라고 말한다. 중국의 역사교과서는 이곳을 만리장성으로 기록하고 있고, 그렇게 학생들은 배우고 있다. 한편 2008년 북경의 만리장성 앞 기념관에도 어떤 사진첩에는 산해관, 다른 어떤 사진첩에는 만리장성의 동단의 기점으로 명시하고 있다. 이를 역사 만들기라는 관점에서 본다면, 우선 중국 당국이 여러 층위에서 호산장성에 대한 사회적 기억을 통제하고 있음을 알 수 있다.

던 오솔길만 있었다. 2009년 압록강단교 주변에는 중조 국경의 공식적인 경계 팻말 형식을 띤 비석이 세워졌고, 항미원조전쟁의 영웅 공군의 동상이 보이기 시작했다. 즉 국경과 관련된 요소가 압록강 공원에 표현되고 있는 것이다.

단둥의 이러한 변화는 2006년을 기점으로 나타났다. 단둥사람은 자신들이 살고 있는 곳이 국경지역임을 인식케 하는 풍경을 목도하고 있다. 이 시기에 단둥의 압록강변에 철조망이 등장하기 시작했다. 처음 설치된 철조망은 압록강의 특수한 지형 때문에 중조 국경이라는 구분이 쉽지 않는 곳에 세워졌다. 탈북자 방지를 위한 것으로 보도하는 한국 언론의 내용과는 달리, 철조망 설치는 양 국민의 교류를 막기 위한 목적보다는 중국 영토의 끝자락을 사람들에게 알리기 위한 목적이 더 크다.

뒤이어 철조망뿐만 아니라 국경을 상징하는 요소가 더해지면서, 사람들이 국경으로 나눠진다고 인식하지 못하던 곳이나 북한사람을 만날 수 있는 지역이 점점 더 양 국민이 만날 수 없는 국경지역으로 변하고 있다. 압록강대로가 개통된 뒤, 압록강변을 따라 만들어진 연유로 북한과 중국 영토를 자연스럽게 구분짓던 도로의 위치와, 그곳에서의 사람들의 행동 그리고 철조망과 행위 금지 안내판이 주는 의미가 중첩되면서, 의도했든 의도하지 않았든 압록강대로는 사람들이 국경을 확인하는 공간이 되고 있다.

압록강대로에는 철조망만 있는 것이 아니다. 단둥 시내와 단둥 신시가지의 압록강대로에는 고층 아파트가 줄지어 이어져 철조망이 담당하는 경계의 의미를 대신하고 있다. 이처럼 압록강대로와 고

호산장성 꼭대기에서는 의주를 조망할 수 있다.
『열하일기』의 박지원 선생이 이곳 압록강을 건넌 것으로 알려지고 있다.

층 아파트는 중조 국경에 경계의 의미를 덧붙인다. 이 도로의 행선지는 단둥 시내의 중심에 위치한 압록강단교가 있는 압록강공원으로 향하고 호산장성으로 이어진다. 그 이후에도 압록강대로는 압록강 상류 쪽으로 끊임없이 건설되고 있다. 중국의 두만강변에도 이 도로들은 개통되고 있다. 간혹 가파른 강변에 조성중인 압록강대로는 10미터 정도의 인공 절벽 위를 달린다. 이를 놓고 한국 방송은 중국이 탈북자 단속을 위해 장벽을 설치하고 있다고 보도한다.[52] 동강에서 단둥 시내 그리고 호산장성까지 압록강대로의 길이는 약 62킬로미터이고, 2007년 철조망이 있는 거리는 6킬로미터 정도였다. 그러나 도로를 따라 철조망은 점점 늘어나고 있다.

일보과,
만남의 장소에서
국경 체험
공간으로
:

2010년 전후로 단둥의 중조 국경은 닫힌 국경이라는 인식이 강해지고 있다. 이러한 상황은 단둥의 다른 국경지역에서도 목격된다. 여기에서는 철조망뿐만 아니라 압록강 지형을 이용하는 국경관광이라는 요소가 두드러진다. 단둥에서 가장 대표적인 곳은 '일보과一步跨'라는 지명으로 불리는 곳이다. 2007년 이전에 단둥의 한국사람은 흔히 이곳을 설명할 때, 영화 「공동경비구역 JSA」의 대사를 인

MEMO 7 압 록 강 단 교

압록강단교는 청나라와 일본의 협정에 의해 일본이 1911년에 건설한 다리다. 이 다리는 1950년 미국의 공습으로 북한 쪽 교량의 약 2분의 1 정도가 파괴된 뒤 중국의 단독 소유가 되었다. 관광지로 개발된 시기는 1994년이다. 항미원조기념관과 마찬가지로, 이 다리는 전국 애국주의 교육시범기지이며, '홍색여행지' 역할을 하고 있다. 한편 압록강단교는 청과 관련된 중국의 역사보다는 항미원조전쟁을 기억하는 방식에 적극적으로 활용되고 있다. 일본에 의해 건설되었다는 짧은 문

용했다. 즉 "통일의 물꼬"를 여는 것을 경험할 수 있는 장소라는 것
이다.

2005년 전후만 해도, 이곳은 단둥 시내와 가까운 곳(12킬로미터)
에 위치해 있고, 배를 이용하지 않고서도 국경 너머 북한 땅으로 갈
수 있는 지역 가운데 하나였기 때문에, 단둥사람이 자주 찾던 곳이
었다. 이런 이유로 북한을 조금 더 가까이에서 보고자 하는 한국사
람도 이곳을 많이 찾았다.

일보과는 한국사람이 북한 병사, 북한 주민과 짧은 담소를 나누
었다는 무용담이 만들어지던 곳이기도 했다. 그 당시만 해도 이곳
은 징검다리가 있어서 일보과라는, 말 그대로 북한 땅을 한 발짝에
뛰어 건너갔다 올 수 있는 체험을 할 수 있는 곳이자, 단둥사람과
북한사람 간 교류의 장으로 이용되었다. 그런데 사람들의 방문이
늘어나고, 2005년 전후 호산장성이 관광지로 활성화되는 과정과 맞
물리면서, 징검다리는 없어진 채 일보과에서의 경험은 달라졌다. 중
조 국경지역에서 삶의 터전을 일구고 있는 사람들에게 일상적인 교
류 공간이었던 이곳은 국경 넘나들기를 특징으로 하는 국경 관광지
의 색깔이 강해졌다. 2005년 '지척咫尺'이라는 비석과 더불어, 이곳
을 한걸음에 넘을 수 있다는 뜻이 담긴 일보과라는 비석도 생겼다.

2007년 전후, 유람선을 이용해 북한 땅에 접안接岸을 하고 북한
군인을 만날 수 있는 국경관광은 관광객을 상대로 영업중이었다.

구 외에 압록강단교는 전쟁과 관련된 사진을 전시하고, 인민군의 동상으로 채워
져 있다. 다리 입구에서 끝까지 약 2미터 간격으로 걸려 있는 기록사진과 관련 설
명은 중국이 한국전쟁에 참전했던 배경, 미국의 폭격 양상, 압록강 철교(현 압록
강단교) 폭격 당시의 사진과 함께 액자 형식으로 걸려 있다. 2011년부터는 이곳에
서는 전쟁과 관련된 영상물도 보여주고 있다. 끊어진 다리의 끝에 도달하게 되면,
중조 변경을 표시한 작은 비석과 폭격의 잔해를 만나게 된다.

일보과 비석 주변에는 관광객이 의주 평야를 볼 수 있는 망원경이 설치되어 있었고, 기념사진 촬영을 할 수 있도록 준비된 한복이 중국 관광객을 기다리고 있었다. 간이매점에서는 관광객이 배를 타고 국경 체험을 떠나기 전에 담배의 구입을 권하는 중이었다.

하지만 2007년 봄부터 이곳에 철조망이 생기기 시작했다. 단둥의 타 지역에는 중국 쪽에만 있던 철조망이 일보과의 바로 앞에 있는 북한의 강변에도 설치되었다. 일보과로 국경관광을 경험하는 한국 관광객의 모습을 설명해보면 다음과 같다.

먼저 단둥에서 압록강변을 타고 새롭게 건설된 일명 국경도로를 따라 차로 20분 정도 달린다. 그들은 중국 측에서 만리장성의 동단 기점이라고 주장하는 호산장성에 도착한다. 그들은 중국 관광객과 다른 코스를 먼저 선택한다. 이유는 "거짓 만리장성을 볼 이유가 없다"는 것 그리고 안내를 하는 단둥의 한국사람이 "더 좋은 곳을 보여주겠다"는 권유가 있기 때문이다. 한국 관광객은 걸어서 5분 거리에 있는 호산장성 옆 일보과로 바로 향한다. 그곳에서 그들은 "배 타세요?" 혹은 "담배 사세요?"라며 기본적인 한국말을 할 줄 아는 중국 상인을 만나게 된다. 안내를 맡은 단둥에 거주하는 한국사람은 예전에 담배를 사지 않고 북한사람에게 돈을 주다가 중국 공안에게 곤욕을 치른 경험을 한국 관광객에게 말한다. 중국 상인이 공안에게 고발했다는 것이다. 그리고 중국 담배를 살 것을 관광객게 권한다. "북한을 아주 가까이에서 볼 수 있다" "북한 군인을 만날 수 있다" 등 대강의 이야기를 도착하기 전에 들었지만, 한국 관광객은 아직 1~2미터 개울 넘어 북한 땅이 있음을 실감하지 못한다. 왕복으로 20분이 걸리는 나룻배를 타기 전, 한국 관광객이 북한을 배경으로 사진을 찍자 중국 공안에게 제지당하면서 당황하기 시작한다. 그런데 중국 공안은 중국 관광객이 북한 풍경을 사진 찍을 때는 딴 곳을 쳐다본다. 한국 관광객이 그곳에서 구입한 중국 담배포의 포장을 제거하려는 순간 갑자기 옆에서 "온전하게 주세요"라는 서툰 한국말이 들려온다. 같이 간 단둥의 한국사람이 "아마도 북한 군인들에게 준 담배를 북한사람들이 다시 이곳으로 가지고 와서 돈으로 바꿔간다는 이야기가 있다"는 말을 해주자 한국 관광객은 고개를 끄덕인다.

나룻배에 올라탄 한국 관광객은 압록강 물에 손을 집어넣고는 약간 흥분된 모습을 보인다. 그러고 나서 관광객들은 나룻배가 좁은 압록강 지류의 한복판에 접어들자 보이기 시작하는 호산장성 밑의 중국 측 철조망을 보고는 자신이 "지금 국경을 넘었다"라는 말을 한다. 그들은 단둥에 거주하는 한국사람으로부터 "최대한 위험한 행동을 하지 말라" "한국말을 하지 말라"는 말을 계속 들으면서 얼굴이 점점 굳어진다. 뒤이어 북한 쪽 철조망과 북한 초소가 보이고, 보이지 않던 군인들이 총을 들고 강변 가까이 접근하는 본인들에게 다가오는 모습을 목격한다. 그들은 일단 말하지 않는다. 나룻배를 움직이던 중국사람이 바로 강변에 배를 정박하고 준비해간 담배를 모래 위로 던지고는 "어디서 왔네, 저 사람들 어디 사람이야" "중국사람이다" "거짓말 마라, 조선말 할 줄 알던데" 등의 대화를 북한 군인들과 나눈다. 한국 관광객은 사진을 찍을 생각도 못 한다. 잠시 머물던 배가 다시 방향을 틀어 출발지로 향한다. 이제 마

관광객들은 보트를 타고 가다보면 압록강의 양쪽이
북한 지형으로 되어 있는 곳을 만나게 된다.

중국과 북한이 압록강을 공유한다는 사실을 모르는 관광객들은 순간 국경을 넘어 북한 지역으로 자신들이 들어왔다고 생각하며 당황한다.

음의 평화를 되찾은 한국 관광객은 아주 가까이에서 목격한 북한 군인의 모습을 언급하면서 각자의 느낌을 한국말로 크게 떠들기 시작한다. 돌아온 그들은 강둑에 설치된 망원경을 통해 의주 평야와 북한 주민이 일하는 모습을 보게 된다. 그런데 다시 사진 찍기를 시도하는 한국 관광객의 행동을 이번에는 아무도 제재하지 않는다. 관광객들은 북한 군인에게 담배를 준 행위를 가지고 "국가보안법에 걸린다" "아니다, 몸에 해로운 담배를 줬기 때문에 저쪽 군사력 약화에 기여한 것이다. 괜찮다"라는 농담을 하면서 일보과를 떠난다.

이처럼 관광지로서의 일보과는 일보과라는 말이 의미하듯, 국경 넘나들기가 가능한 공간에서 이제는 넘을 수 없는 국경을 체험하고 확인하는 일이 더 강조되는 곳이 되었다. 다시 정리해보자면, 일보과는 중조 국경조약상 압록강을 공유한다는 내용을 체험하고, 중국 배가 북한 땅에 접안을 해도 불법은 아니라는 것을 확인할 수 있는 곳이다. 아울러 양 강변에 철조망이 설치되었기 때문에 국경을 넘나드는 느낌과 동시에 국경 그 자체를 확인할 수 있는 곳이며, 사전에 약속하거나 기존의 관례를 따라 중국 사공이 북한 군인에게 선물을 주는 모습을 목격할 수 있는 국경 관광지인 것이다.

국경관광 코스 개발 현장과 '무대화된 풍경'

중국 관광객이 북한 지역을 관광하는 코스가 하나 있다. 2007년 기준으로 한국 돈 만 원 미만을 지급할 경우, 태평만 댐을 통해 북한 땅에 들어가 북한 군인 앞에서 사진을 찍을 수 있다. 하지만 태평만 댐은 중국 측에서 전기와 댐 시설을 관리한다. 어떻게 보면 이곳의 건너편은 북한 영토지만 중국에서 임대 사용하는 치외법권 지역이므로 합법적인 절차에 따라 북한에 입국하지 않고 북한 땅을 밟아 볼 수 있는 유일한 지역인 셈이다. 이런 국경관광은 유사pseudo 관광의 형태지만,[53] 중조 국경의 다양한 변수 및 특징을 모르는 중국 관광객에게 본인이 국경을 넘어 외국 땅을 밟았다는 경험을 안겨다준다.

이 관광 코스는 사실과 달리 한국 관광객은 갈 수 없는 곳으로 선전되고 있다. 하지만 2011년 압록강에 한국 관광객도 중국 관광객처럼 유사 국경 넘나들기 경험이 가능한 관광지가 새롭게 만들어졌다. 이곳은 유람선을 타고 북한의 여군 병영을 볼 수 있다고 선전되는 곳이다. 이곳에서 한국 관광객은 중조 국경을 넘나들었다고 믿게 되는 체험을 한다.

관광객은 먼저 압록강대로 옆 철조망을 통과해서 강가에 있는 선착장으로 내려간다. 보트를 탑승하면, 조선족 관광가이드는 한국 관광객에게 "지금부터 여러분은 국경을 넘는 경험을 하실 것입니다"라고 안내한다. 그 순간 보트는 일보과보다 상류에 위치한 압록강변을 출발한다. 속도를 내기 시작한 보트는 순식간에 북한 쪽 강변에 접근을 한다. 북한사람들이 강변에 나와 있는 모습을 불과 10미터 내외에서 본 한국 관광객은 자신이 국경 근처에 와 있다는 생각을 한다. 5분을 그렇게 달리던 보트는 방향을 바꿔오던 곳으로 향한다. 그런데 중국 땅으로 예상했던 그들은 육지에서 북한사람

철조망이 없던 시절, 단둥사람과
북한사람이 자연스럽게 강을 사이에 두고
만나던 장소로 애용되던 일보과

우리가 상상하는 국경표시는 철조망이지만
백두산 천지 국경 표시는 빨간 선이다.

중국 애국주의 시범기지의 토대인   오늘날 중국의 항미원조전쟁과 관련된
항미원조기념관 내부   관광지로 활용되고 있는 압록강단교 입구

이 다시 보이는 것을 보고 당황한다. 이때 조선족 가이드는 "여러분은 지금 국경을 넘어 북한 영토에 들어와 있습니다. 북한 쪽하고 계약을 했으니까, 걱정하지 마세요. 한국말만 하지 않으면 일없습니다(문제가 없습니다)"라고 한다.

이러한 장면은 호산장성 옆 일보과의 나룻배가 일정 부분 담당했었다. 하지만 일보과의 유람선은 양쪽에 철조망이 생기면서 국경 넘나들기 체험의 성격이 줄어들었다. 이러한 가운데 단둥사람은 일보과 관광지의 특징을 대체할 수 있는 관광지를 만든 것이다. 일보과에 비해 이곳은 압록강 양쪽이 북한의 땅으로 되어 있다는 관광 코스상의 장점이 있다.

한편 한국 관광객이 이 관광 코스에서 체험한 국경 넘나들기는 실재가 아니다. 사실 중조 국경조약으로 인해 다수의 섬이 북한 소유며, 압록강은 선으로 국경이 나누어진 곳이 아니라 공동구역이다. 즉 중조 국경의 특징을 한국 관광객이 정확하게 인식하지 못하고 있음을 관광가이드가 이용한 것이다. 결과적으로 "한국말만 하지 않으면 일없습니다"라는 가이드의 마지막 말은 한국 관광객이 중조 국경을 넘나들기가 허락되지 않는 경계로 인식하게끔 만든다.[54] 그 결과 단둥의 국경관광지는 철조망이 없는 국경지역에 양국가를 구분하는 국경 역할을 하고 있다. 나아가 경계의 성격도 계속 추가되는 중이다. 2012년 단둥에서 국경의 상징물로 자리잡고 있는 만리장성을 형상화한 비석이 압록강대로의 철조망을 따라 곳곳에 세워졌다. 중조 국경의 경계 팻말과 함께 '역사적 경계'가 현재의 중조 국경의 상징물로 이용되고 있는 것이다.

제6장

네 집단,
한국어를 공유하다
: 국민·민족 정체성의
지형도

북한, 한국어
활성화의 배경
•
•
•
•

1998년부터 단둥에서는 한국 방송을 위성방송으로 시청할 수 있게 되었다. 단둥에서는 한국 위성방송을 청취한 북한사람이 한국사람에게 홈쇼핑 물건을 부탁하기도 한다. 그리고 중국 랴오닝성의 당 일간지 『랴오닝일보遼寧日報』에서는 한글판 주간지인 『요녕조선문보遼寧朝鮮文報』를 발행했다. 이 신문은 조선족 기자들이 활동중이었다. 이와 더불어 단둥에서는 북한에서 배달되는 신문과 잡지, '조선(북한)관광' 안내 책자들도 볼 수 있다.

요동대 한국어과에는 약 800명의 중국 대학생이 조선족 선생뿐만 아니라 북한과 한국에서 온 선생님들로부터 한국어를 배우고 있다. 한국어로 만들어진 잡지들은 조선족과 한국사람이 운영하는 『진달래』『메아리』와 단둥 한인회가 『한국인 소식』에서 이름을 바꿔 2010년부터 발행하고 있는 『압록강연가』가 있다. 2012년 북한의 황금평을 맞대고 있는 단둥의 국경지역에는 "국경언제소개"를 제목으로 표시한 안내판이 설치되었다. "언제"는 한국에서 주로 "제방"이라는 단어로 사용된다. "언제"는 단둥의 북한사람과 조선족에게 통용되고 있는 말이다.

이와 달리, 문화대혁명 시기에 한족 문화로 동화가 조장되는 분위기[55] 속에서 1970~1980년대를 보낸 조선족이 조선(한국)말을 하는 기회도 점차 줄어들었던 곳이 단둥이다. 그 결과 특히 1980년대 단둥 시내에 거주하던 조선족은 조선족 학교보다는 중국 학교를 선택하는 생활방식을 따르곤 했다. 즉 조선족 역시 1980년대 초중반까지만 해도 한국어가 아닌 중국어를 택하던 시기가 있었다. 이와 관련해 1997년에 이곳에 거주하는 조선족의 언어생활을 연구한 왕한석은 "30대 및 20대의 경우에는 한어를 듣는 것, 말하는 것, 글로 쓰는 것 모두를 다 잘하는 편이고 특히 외부의 직장에 다니는 사람들은 조선어보다 한어에 더 익숙한 편이다"를 지적하고 있다.[56] 이러한 이유 때문에, 2010년 전후로 40, 50대인 단둥의 토박이 조선족 중에는 한국어를 듣고 이해하지만 말하기와 쓰기는 잘 못하는 사람들이 있다.

문화대혁명 시기를 경험한 조선족은 중국에서 소수 민족인 자신들의 정체성을 유지한다는 게 쉽지 않았다. "1980년대 후반 단둥에서 한국어의 흔적은 조선족 학교 간판이 유일했다"는 60대 조선족의 언급을 통해, 그 당시 단둥에서 한국어 사용과 위치를 짐작할 수 있다. 지금은 한국어를 능숙하게 사용하는 단둥 시내 토박이 조선족조차도 "2000년대에 접어들면서, 나의 경우(당시 20대 후반) 한국어를 본격적으로 다시 배우고 익혔다"고 말한다. 특히 이들이 다시 한국어를 사용하기 시작한 초기 이유와 동기는 북한을 상대로 한 경제 교류의 필요성 때문이다.

이같이 최소한 한민족의 정체성 혹은 한류의 영향으로 정체성을 논할 수 있는 조선족이 대거 거주하는 동북3성의 타 지역과는 다른 맥락의 요소가 단둥에 있다. 1990년대부터 등장한 단둥 시내의 한글 간판이 하나둘 생긴 배경과 이유를 보면, 단둥이 단순히 조선족이 한국어를 유지하면서 살아온 삶만을 엿볼 수 있는 곳이 아님을 알 수 있다. 여기에는 한국의 영향만으로 해석될 수 없고, 오히려 북한의 영향이 먼저였음 또한 알 수 있다.

먼저 단둥의 토박이 조선족이 북한사람을 상대로 경제활동을 하는 과정에서 한국어 간판과 한국어를 사용하기 시작했다. 단둥 토박이보다 한편으로는 한국어 사용이 능숙한 타 지역의 조선족과 북한화교가 단둥으로 이주하면서 중조 국경무역 교류에 동참하게 되었다. 이런 토대에서 대북사업을 원하는 한국사람도 개입하면서, 단둥에는 다양한 한국어 간판이 공존하는 모습을 보이고 있다. 이러한 거리 풍경에 대해 단둥사람은 네 집단이 단둥에서 살기 시작하면서 나타난 양상이라는 점을 지적하며, 북한과의 교역 때문이라는 말을 빼놓지 않고 한다.

2012년에도 한국어 간판의 내용은 주로 북한사람을 염두에 두었다. 그들이 주로 구입하는 상품명이 상점의 유리창에 표기되어 있으며, 한국 물건을 판매하는 상점은 북한사람 그리고 중조 무역을 하는 북한화교와 조선족을 상대하기 위해 한국산임을 명시한다. 이에 반해 농수산물을 제외하고 북한 제품임을 내세운 간판은 소수다. 그 이유는 북한 농수산물과 제품은 단둥 시내를 거치지 않고

MEMO 8 단둥의 한국어 간판

한국어 간판의 등장 배경을 보면 초기엔 북한사람을 상대로 한 경제 교류의 성격이 강했다. 이 때문에 원주필(볼펜), 불소강(스텐재질), 액틀(액자), 중국료리(요리), 몸까기(다이어트), 색텔레비(칼라TV) 등의 간판이 생겨나기 시작했고, 지금도 사용되고 있다. 이 표현은 한국에서 거의 사용하지 않는 북한어. 2006년에는 부산갈비, 한성통닭, 현풍할매집곰탕 등의 간판이 거리에 보였지만, 2002년도에 나온 잡지의 전화번호 안내에는 청류관, 금강산 술집, 송도원, 묘향산, 만경봉,

보세무역 방식을 통해 바로 한국으로 유통되기 때문이다. 북한사람
이 연관되지 않은 한국어 간판은 단둥한인회, 한국문화원, 한글학
교, 한국교회뿐이라는 말도 있다. 이와 같이 단둥시내에서 한국어
의 활성화의 근간인 네 집단의 경제 교류 방식은 2000년대에 접어
들면서도 변화가 없다.

한국어:
**삶의 도구이자
관계를
맺기 위한 전략**

한국사람은 타국에서 한국어를 쓰는 동포를 만나면 반가워하는
경향이 있다. 그 만남을 통해서 동질성, 즉 민족애를 느낀다고 표
현한다. 하지만 단둥에서는 이러한 만남이 다른 차원에서 작동하
는 측면이 있다. 먼저 중국어와 한국어 사용 능력은 네 집단 간의
생활방식과 만남을 다양하게 하는 수단이 되고 있다. 특히 중국어
를 못하는 경우가 많은 북한사람과 한국사람은 말이 통하는 조선
족과 북한화교에게 중국어와 관련, 일정 부분 의지한다. 그들은 한
국어를 공유하고 있기 때문에 만남중 소통은 기본적으로 문제가
없다. 오히려 단둥에서 만날 수 있지만 남북 관계 때문에 북한사람
과 한국사람은 공식적인 만남에 제한이 있고 조심해야 되는 측면
이 있다.

평양오락 등이 주를 이루고 있다. 북한식 표기와 지명 외에도 간판에 한국어 음
만 붙여 만든 것들이 있다. 삼마로 약점(약방), 쌍면테프(양면테이프), 각종 장식
판 피발(도매), 방도문(방범문) 등은 중국어 표현을 그 음만 한글로 바꾼 예다. 맞
춤법 표기가 틀린 간판이 많은데 가령 단둥시초선무역부(단둥시조선무역부), 이
발(이빨)치료, 굴고기용도구(불고기용도구), 머사지(마사지) 등이 있다. 위의 한국
어 간판 속 표현은 한국어가 능숙하지 않은 북한화교나 조선족에게는 익숙하면서
도 실제로 그들이 사용하는 용어다.

북한산을 강조한 상점의 간판은
주 고객이 한국사람임을 의미한다.

한국산을 강조한 상점의 간판은 중조 국경을
넘나드는 북한사람, 북한화교, 조선족들을
주 고객으로 상정하고 있음을 알 수 있다.

단둥 소재의 북한 가게 전경.
한국 손님을 상대하고 있는 북한 여종업원은
김일성 배지를 달고 있고 자신을 증명하고자
북한 여권을 보여주곤 한다.

단둥 시내 전자도매상가 진열대 위의
인공기와 태극기는 이 가게의 사장인
중국사람이 상정하고 있는
고객을 무언으로 말해주고 있다.

 따라서 북한화교와 조선족이 중간에 개입된 간접적인 만남의 모양새가 필요하다. 이 과정에서 북한화교와 조선족은 통역자의 위치가 아닌 경제활동의 매개자로서 북한사람과 한국사람을 서로 이어준다.

 그러나 중국어에 비해 한국어가 서투른 조선족은 통역상의 어려움을 경험한다. 한국어보다 중국어가 서툰 북한화교는 한국어가 그들 삶의 수단이 되곤 한다. 이와 같은 조건에서 네 집단은 "중국 단둥에서 국경무역을 할 때, 사기를 당하지 않으려면 말이 통하는 사람을 조심해야 한다"고 말하곤 한다. 이런 농담을 하게 되는 이유는 이들 관계가 주로 경제활동과 연관되기 때문이다. 즉 네 집단은 한국어가 통하기 때문에 중조 국경무역과 관련된 경제활동을 도모할 수 있는 장점이 있다.

 북한사람과 한국사람은 공식적으로 단둥에 소재하는 북한의 민경련이라는 창구를 이용할 수 있다. 하지만 네 집단이 처한 상황이 다르기 때문에 네 집단 가운데 두 집단만 교류를 할 수 있는 경우가 많지 않다. 구체적인 사례를 한국사람을 중심으로 언급하면, 단둥은 중국에 속해 있지만 대북사업을 주로 추구하는 한국사람은 한국어를 경제활동의 도구로 삼는다. 단둥에는 통일부에 '북한주민접촉신고서'를 제출하는 방법 외에도 북한사람을 만나는 비공식적인 방법을 소개해주는 사람이 많다. 하지만 만약을 대비해 중국사람인 조선족이 개입되는 것이 문제가 없다고 판단을 한다. 그런데 통역을 담당한 조선족이 생각했던 것보다 한국어가 능통하지 않고, 북한 사정을 잘 모르는 듯한 느낌을 받게 된다. 이때 중국 국민이지만 한국어를 잘하고 북한 사정에 능통하다는 북한화교를 소개받는다. 이 과정에서 한국사람은 고민한다. 중국에서 조선족으로부터 사기를 많이 당했다는 경험담과 함께 선입견이 강한 한국사람은 조선족에 비해 북한화교가 사업 파트너이자 통역으로 적합하다고 생각한다. 그런데 북한화교는 결국에 중국사람이라는 생각 때문에 불안하다.

그렇다고 그들이 북한사람을 직접 만나기에는 단둥에서의 삶의 연륜과 인맥이 부족하다. 한국사람은 북한화교와 조선족이 담당할 수 있는 중국 국민의 역할을 무시할 수도 없고 이용해야 되는 상황이다. 그들을 중간에 둠으로써, 북한사람과 직접적인 거래를 했지만 한국사람은 북한화교나 조선족과 경제 교류를 한 모양새를 취할 수 있기 때문이다. 여기서 동원되는 한국어와 관련된 전략 가운데 하나는 소위 조선어 문체 사용하기와 철자 틀리기 그리고 중국 회사 도장 찍기 등이 있다. 한국사람은 자신이 작성했지만, 일부러 한국어가 능숙하지 못함을 드러내기 위해 북한화교와 조선족이 사용하는 문체와 단어를 사용한다.

마찬가지로 단둥에 나와 있는 북한사람은 공식적으로 민경련이라는 창구를 통해 한국사람을 만나 경제적 교류를 도모할 수 있다. 하지만 그들은 이 경우 비용이 많이 지출된다는 이유 때문에 본인들뿐만 아니라 사업 파트너인 한국사람도 싫어한다는 것을 알고 있다. 따라서 그들도 한국사람을 비공식적으로 만나는 과정에 북한화교와 조선족이 필요하다. 그런데 북한화교는 말도 통하고 고향도 같지만, 예전부터 북한화교에 대한 선입견이 있어왔다. 반면에 조선족은 같은 민족이고 말도 통하지만, 북한화교보다 자본주의에 더 물든 사람이라는 선입견 때문에 고민하게 된다. 그렇지만 한국사람을 상대하지 않더라도 중국에서 물건을 구입하기 위해, 북한사람은 자신들보다 중국어도 잘하고 중국 사정에 능통한 북한화교와 조선족이 필요하다.

네 집단은 한국 방송을 공유하기도 한다. 북한화교와 조선족은 한국어가 능숙하지는 않지만 소통에는 문제가 없다. 네 집단이 서로 만날 때, 단어와 억양은 크게 문제되지 않는다. 다만 네 집단 간 대화에서 한국사람은 조선말 특유의 어투에 적응하는 과정이 필요하고 영어 단어 사용을 자제해야 한다. 오히려 조선족은 중국어가 능숙하지 않을 때, 북한화교는 조선어를 잘하면서도 북한 사정에 대해서 모르는 모습을 보일 때, 그들 정체성에 의문을 받곤 한다. 한국사람이 북한사람을 만날 때 어휘의 선택에서 몇 가지만 주의하면 대북사업을 제법 했다는 인상과 신뢰감을 그들에게 심어줄 수 있다.

우선 가급적 쓰지 말아야 할 말로는 한국과 남한, 북조선과 북한 등 국호에 대한 것이다. 그리고 그들 지도자에 대한 낮춤 표현으로 예를 들어 "김정일씨" 또는 "김일성이가…… 했다" 등의 표현이 있다. 한국이라는 국명은 그들이 인정하지 않는 명칭이기 때문이다. '남조선'이라는 단어는 북한이 한국을 비하하거나 비난할 때 자주 쓰던 말이기 때문에, '북조선'이라는 표현도 그들에게 같은 뉘앙스로 느껴진다. 남한과 북한이라는 표현도 똑같이 한국이라는 명칭에 담긴 맥락에서 사용을 자제한다. 그래서 네 집단이 북한과 한국을 언급할 때는 남측과 북측 또는 남쪽과 북쪽이라는 단어를 많이 사용한다. 혹은 친한 사이에서는 아래 동네 혹은 윗동네라는 말을 사용한다. 단둥에서는 북한과 한국의 예민한 정치적 상황에 대해서는 가급적 피하는 경우가 많기 때문에, 특히 한국사람은 북한 지도자에 대한 표현을 가장 조심해야 될 부분으로 여긴다.

이처럼 네 집단 사이에는 한국어 단어 중 국호 언급을 회피하는 전략이 구사된다. 하지만 북한사람이 자신의 나라를 표현할 때 사용하는 '조선'이라는 단어는 한국사람만이 피하는 단어다. 북한화교와 조선족은 일부러 조선이라는 단어를 강조해 사용함으로써, 북한사람에게는 신뢰감을, 한국사람에게는 본인들이 대북사업의 적임자임을 각인시키는 방법으로 활용한다.

한편 북한사람이 사업 파트너인 한국사람을 염두에 두고 쓴 글이지만, "대방 측 선생님"이라는 표현을 사용하고 있는 문서를 단둥에서는 쉽게 접할 수 있다. 이것은 상대방을 지칭할 때, 특정인이 아닌 대명사를 사용하는 방식의 일환이다. 한국사람 사이에서도 단둥에서 북한과 관련된 이야기를 휴대폰으로 할 때는 "그쪽" "저쪽"이라는 말을 의식적으로 쓴다. 이를 두고 네 집단 사람들은 "도청 때문이다"라고 말하거나 한국사람은 "한국에 들어가서 문제가 생길 여지를 만들고 싶지 않다"라는 말을 한다. 이처럼 네 집단은 통화를 할 때도 북한과 한국의 거래를 표현하는 말이 나오지 않도록 신경을 쓴다.

내가 현장연구를 하던 2011년 7월, 단둥을 방문한 김문수 경기지사
가 단둥에서 열린 한국 기업간담회에서 "단둥은 통일안보의 현장이
며 보다 많은 사람이 와서 북한과 중국의 현실을 알 수 있도록 노력
을 하겠다"라고 언급한 것 그리고 자신의 꿈이라며 "한국, 중국, 북
한 사람들이 서로 왕래를 하면서 잘 지내면 좋겠다"라고 말한 것은
한국 관광객의 일반적인 반응과 별반 차이가 없다.

　하지만 단둥에는 또 다른 풍경이 있다. 한국사람이 주로 관광하
는 압록강공원에는 점심시간이면 회사에서 잠시 나와 산책을 하는
북한사람도 있다. 대형마트 주변은 북한사람의 약속 장소로 이용된
다. 여름 저녁 무렵, 단둥 거리의 양꼬치점 손님 가운데 북한사람,
북한화교, 조선족, 한국사람이 각각의 테이블에 앉아 있는 모습을
쉽게 목격할 수 있었다. 서로 안면을 트고 깊은 교류를 하는 때에
도 그들은 상대방의 테이블 주변에 '어떤 사람들'이 마시고 있는가
를 먼저 파악한다. 그들은 상황에 따라 서로를 아는 척하거나 때로
모르는 척 하곤 하는데, 여기서 기준은 지인 관계가 아니다. 그들
은 우선 상대방의 국민과 민족의 정체성을 판단의 근거로 삼는다.

　일례로 내가 한국사람과 양꼬치를 먹고 있을 때, 바로 옆자리에
알고 지내는 조선족이 북한화교와 함께 술을 한잔하고 있었다. 내
가 서로를 소개시켜주고자 할 때, 나의 술친구들이 한국사람이라

는 점을 파악한 조선족은 조용히 나에게 "바로 옆에 단둥의 조선사람(북한사람) 가운데 높은 분이 가족들과 함께 식사를 하고 있으니, 그들이 떠나고 보는 것이 일없을 것 같다"라고 말했다. 나와 안면이 있는 다른 테이블의 한국사람은 북한사람에게 눈인사를 할 뿐 술을 권하거나 악수를 청하지 않았다. 그날 밤, 네 집단은 각자 양꼬치와 술을 마시는 모양새였다. 테이블 사이의 왕래는 없었다. 그러나 그들이 계산한 영수증에는 상대방 테이블에 맥주 몇 병을 서로 주문해준 내역이 포함되어 있었다.

이 장면은 단둥에서 자연스러운 술자리 모습 중 하나이고 단둥 사람의 눈에만 보이는 장면이다. 또 국민·민족의 정체성이 확인되거나 해체되는 만남의 순간이기도 하다. 이와 동시에 폐쇄된 국경과 열린 국경이라는 중조 국경의 양 단면이 교차하는 단둥의 경제적 인맥을 보여준다. 이는 네 집단 간 만남의 특징을 함축하고 있다. 각 술자리의 주인공들은 서로 경제적 교류를 하고 있지만 표면적으로 그들이 왜 만나며 그들은 서로 어떤 인맥으로 다져져 있는지 쉽게 파악되지 않는다. 고로 김문수 경기지사와 한국 관광객의 반응은 당연한 것이다. 허나 단둥에는 네 집단이 경제적으로 연결되고 교류하는 삶의 터전이 있고 그들이 일상적으로 접촉하는 공간이 엄연히 존재한다.

한국사람은 북한사람을 만나기 위해서는 공식적으로 한국의 통일부 산하 남북교류협력센터에 '북한 주민 접촉서'를 제출해야 한다. 하지만 단둥에서는 무역 종사자 외에, 북한사람과 한국사람의 만남은 일상의 장에서 이뤄지는 것이 현실이다. 거리를 걷다가 식당에서 음식을 먹을 때나 가게에서 물건을 사다 보면 같은 고객인 그들은 자연스럽게 간단히 첫인사를 나눌 기회가 있다. 이러한 상황에서 네 집단 가운데 한 집단만이 갈 수 있는 곳은 공식적으로 국민 정체성이 드러나는 여권 검사를 해야 되는 "단둥 시 한국인 기독교 임시활동장소"라는 명칭을 가진 한국인교회뿐이다. 오히려 북한 식당은 한국사람이 많이 이용하고, 한국 음식을 먹을 수 있는 식당은 북한사람이 많이 간다고 할 수 있다.

북한학생과 한국학생이 중국어학원의 같은 반에서 중국어를 배우는 모습 그리고 이들이 친해지면 중국어 선생과 함께 햄버거 가게에 같이 가게 되는 것은 두 집단만의 사례이기도 하다. 그 외에 북한사람과 한국사람 그리고 네 집단의 만남에서 제한이 있는 공간은 없다고 할 수 있다. 즉 북한과 한국의 국민 정체성으로 인한 국가 감시 혹은 자체 검열 등 만남의 제한이 엄밀하게 적용되지 않는 곳이 단둥이다.

그 이유는 북한사람과 한국사람 간의 만남이 한국의 통일부 승인 신청과 북한의 민경련을 통하는 공식적인 방식 외에도 비공식적으로 많이 이뤄지기 때문이다. 이 때문에 공간을 이동할 때, 그들은 시간과 거리를 두고 차를 이용하거나 걸어가서 한 건물에 다시 모이곤 한다. 식당과 술집도 다른 사람들이 볼 수 없는 방을 선호한다. 조선 거리에 있는 조선족이 운영하는 한국 식당 가운데 한 곳은 이러한 비공식적 모임과 일반 모임을 구분하여 손님을 안내하기도 한다. 식당으로 들어가는 입구는 하나지만, 전자와 후자의 손님을 식당 내부의 통로를 이용해서 각각 다른 2층에 자리를 잡아주는 영업 전략을 구사하는 모습도 보인다.

이러한 장면은 남북 관계의 특수성이 단둥에서도 반영되고 있음을 보여주는 사례다. 하지만 한편으로는 북한과 한국 간의 만남에서 국가의 대표나 단체 간 만남이 주가 되고 있는 현실을 고려한다면, 단둥은 북한사람과 한국사람의 개인적인 만남이 이루어지고 지속되는 현장이다. 나아가 국가의 시선으로 본다면 그들의 만남에는 공식적·비공식적인 방법이 동원되고 있다.

그러나 단둥에 살고 있는 북한사람과 한국사람의 입장에서 본다면 단둥은 그들의 일상적 교류가 이뤄지는 장이다. 나아가 남북 관계에서 자유로운 중국사람인 북한화교와 조선족이 북한사람과 한국사람의 만남에 개입되기 때문에, 단둥은 만남의 사례 또한 다양하다.

일반적으로 단둥을 방문한 한국사람은 북한사람이 운영하는 가게나 식당에서 북한사람을 만난다. 이 과정에서 북한사람과 처음으로 이야기를 나누어본 한국사람은 단둥에 존재하는 북한사람의 실체를 몸소 경험한다. 그리고 한국에서 이미 알고는 있었지만 단둥에서는 북한사람과 사업을 할 수 있다는 말이 사실임을 확인하게 된다. 이어 그날 저녁 단둥에 사는 한국사람의 소개로 북한화교가 운영하는 다방에서 조선족을 만나, 술을 한잔 나누면서 대북사업의 경험담과 북한사람을 상대하는 방식을 듣고 배운다. 그다음 날부터 통역으로 고용한 북한화교 혹은 조선족과 함께 국경무역의 현장이라는 삼마로, 단둥해관, 신류, 대형마트를 돌아다닌다. 며칠 뒤 한국으로 돌아가는 배에서도 대북사업가를 우연히 만나 단둥에 대한 이런저런 이야기를 접한 한국사람은 단둥에서 대북사업을 시작할 것을 결심한다.

이 과정에서 어떤 한국사람은 한국의 교육 문제 해결 등을 고려하면서, 온 가족의 단둥 이주를 결심하곤 한다. 이로 인해 단둥 내 중국 학교의 교실에는 네 집단의 아이들이 함께 수업을 들으면서 같은 반 친구로 지내는 경우가 많다. 그리고 중국사람 혹은 조선족과 한국사람이 결혼한 다문화 가정의 아이들까지 고려한다면, 중국 학교에서 중국어를 배우며 한국어를 정체성의 기반으로 하는 학생 간의 만남은 더 복잡하고 다양하게 이뤄진다.

한국사람이 세 집단을 만나는 방법

한국사람은 처음에는 민박집에 거처를 잡곤 한다. 그들이 이용하는 민박집은 주로 조선족 또는 한국사람이 운영한다. 관광객도 숙박을 하지만, 국경무역을 하는 한국사람이 몇 개월씩 장기간 투숙하는 경우가 대부분이다. 투숙객은 국경무역을 겸하고 있는 민박집 주인이나 함께 묵고 있는 사람들과의 만남을 통해 국경무역의 노하우와 인맥을 전수받곤 한다. 그들은 단둥의 국경무역에는 중조 무역뿐만 아니라 남북 무역 더 나아가 삼국 무역이라는 특성이 내재해 있다는 것을 알게 된다. 단둥에서 발행되는 잡지의 민박집 광고란에 실린 "조선 무역 상담 가능"은 자주 등장하는 카피다. 이같이 민박집은 단순히 숙박의 역할만 하는 곳이 아니며, 국경지역에서 국경을 활용하는 국경무역의 방식과 정보가 민박집과 관련된 사람들을 통해서 교환된다.

단둥의 민박집은 한국 위성방송 시설을 갖춘 원룸 형식의 객실이 10개가 넘는 곳이 성업중이다. 이런 이유로 단둥에서는 조선족보다 임금이 싼 북한사람이나 북한화교가 음식 및 청소를 담당하는 때가 많다. 그들은 쉬는 시간에 투숙객과 대화를 나눈다. 물론 민박집에는 국경무역과 관련된 만남만이 있는 것은 아니다. 한국사람이 북한사람을 만나게 되고 그들의 삶과 생각을 알아가는 기회도 있다. 나도 현장연구 초기(2006년)에 압록강과 신의주가 마주 보이는 민박집에 거주했다.

그 당시 파출부는 북한 여성이었다. 그녀는 한국에서 식당 일을 경험한 민박집 사장인 조선족 여자에게 배운 한국 음식을 식사 때마다 준비했다. 손님들 입장에서는 북한·중국·한국 요리가 뒤섞인 밥상을 매번 접할 수밖에 없었다. 그녀는 틈틈이 민박집 주인 혹은 나와 함께 한국 드라마를 보곤 했고 저녁식사를 끝내고 나면, 북한사람이 사는 삼마로의 여인숙에 자주 놀러가곤 했다. 그녀는 한국에 대해 말을 아끼는 인상이었지만, 함께 본 한국의 주말 역사극에 대해서는 관심을 표했다. 나는 주말에 종종 그녀와 함께 대형마트와 압록강공원을 돌아다녔다. 그녀는 대형마트 앞에서 고향 친구라는 북한사람들과 인사를 나누기도 했다.

현장연구를 하는 도중 민박집을 옮긴 나는 이번에는 북한화교 여성이 해주는 밥을 먹으면서 한 달을 보냈다. 나와 비슷한 경험이 쌓이면서, 단둥에 살기 시작한 한국사람은 13층의 민박집 거실에서 응시했던 압록강 너머 신의주 그리고 단둥에 가로놓인 중조 국경의 성격이 한국사람을 제외한 세 집단이 오가는 국경임을 깨닫게 된다. 한국사람의 뇌리에는 중조 국경이라는 매개체를 통해 형성되고 있는 네 집단 간 관계 맺음의 지형도가 자리를 잡아간다.

한편 북한사람은 국경 너머 살고 있던 조선족 친척이라는 끈, 먼저 살고 있는 주재원들의 인맥 등을 통해 단둥에서 만남의 방식을 배워나간다. 그들은 단둥 내 회사와 식당에서 일하며 세 집단 사람들과 교류를 가진다. 예를 들어, 단둥에 처음 온 북한사람도 북한의 지인을 통해서 소개받은 한국사람이 운영하는 회사에 방문한다. 단둥에 있는 북한사람이 연결을 해준 한국사람과 단둥에 방문한 적이 없는 북한사람은 중조 국경을 사이에 두고 몇 년째 통화만으로 사업거래를 유지하기도 한다.

만남의 공간들

북한화교는 국경 반대편 북한에 있는 북한사람과 친척들의 연줄을 무기로 조선족 및 한국사람과의 만남의 기회를 만들어나간다. 나머지 세 집단보다 중국 쪽과 기존에 쌓아온 관계망이 있는 조선족은 두 국경을 넘나들 수 있는 장점을 활용해, 북한사람이나 한국사람 가운데 한쪽에 무게중심을 두고 관계망을 넓혀나간다. 이러한 네 집단 사람들이 흔히 하는 말 가운데, 바쁘게 살다보면 오랫동안 만나지 못하던 사람들도 "기차역과 해관 앞에 가면 서로 만날 수 있다"라는 표현이 있다. 이곳 주변에는 북한으로 돌아가는 북한사람에게 줄 선물세트를 파는 가게가 밀집해 있다. 이러한 관례를 단둥 사람은 "상감"을 준비한다고 말한다. 인민폐 50원, 100원, 500원짜리 등으로 주문하면, 즉석에서 포장되는 종이 박스에 과일, 과자, 술, 음료수, 사탕 등이 채워진다.

단둥은 수고비를 주고 물건을 부탁하면, 평양에 물건을 전달하는 일을 부탁하는 것도 기차역과 세관에서 처음 만나는 사이에서도 가능한 곳이다. 따라서 네 집단 사람들이 기차역과 세관 앞에서 중조 국경을 넘나드는 물건을 주고받기 위해 모여든다. 이 공간들은 중국으로 들어오는 북한사람과 그들을 마중하고 배웅하는 한국 사람, 북한과 중국을 왕래하는 북한화교와 조선족들이 만나서 교분을 나누는 장이다. 이곳에서 만난 네 집단은 식당, 다방, 회사, 사무실, 노래방으로 자리를 옮겨 두 국경을 넘나드는 삼국 무역에서 각자가 맡은 역할에 대해 이야기를 나눈다. 이런 만남의 주된 이야기 소재는 중국에서 북한으로, 북한에서 중국으로, 중국을 직간접적으로 경유하면서 북한과 한국으로 유통되는 물건과 제품들에 대한 것이다. 즉 여기서는 국경무역과 남북경협의 공식적인 교류 방식을 어떻게 활용할지 논의하거나 때로는 필요한 우회적인 방법도 논의한다.

그 외에 그들은 일터에서도 교류중이다. 네 집단이 관련된 회사들이 있고 그중 또 하나의 개성 공단이라는 별칭으로 통하는 '중조 합자회사' 또는 '남북 합자회사'가 산재해 있다. 두 회사의 기본 유형은 북한사람이 노동력을 제공하는 경우가 많고, 세 집단의 자본이 투입되어 나온 제품과 결과물은 중국과 한국에서 주로 소비된다. 공식적으로는 중국 회사를 표방하지만 사장은 한국사람, 중간 간부는 중국어 통역과 북한사람을 상대하는 업무를 담당하고 있는 북한화교와 조선족으로 구성되어 있다. 북한사람은 바이어와 주재원의 자격으로 회사를 방문한다. 그들은 경제적 목적으로 만나고 경제적 이윤을 함께 창출하고자 노력한다.

이와 같은 유형의 회사에서 일상적인 풍경은 세 나라 간 만남의 연속이다. 이 회사의 스케줄은 북한과 한국에 맞춰져 있다. 북한의 명절과 기념일은 생산 일정 관리에 필수다. 한국에 있는 거래 회사가 휴일일 때, 한국에서 전화가 오지 않기 때문에 회사 직원들은 한가하다. 회사의 벽면에는 단둥-인천 배와 단둥-평양의 국제 열차 시간표가 있다. 직원들 책상에는 북한 공장의 생산 일정과 한국의 홈쇼핑 광고 일정이 표시되어 있다. 옆 사무실에는 북한과 한국에서 보내온 의류 샘플이 쌓여 있다.

사장인 한국사람은 한국에서 온 대기업 직원을 상대하기 바쁘다. 직원인 북한화교는 북한에 있는 공장에 전화를 수시로 하고, 북한 공장에 파견을 가기도 한다. 중국 세관 업무만 전담을 하는 한족도 있다. 봉제 용어와 관련해, 한국사람이 조선족에게 설명해주면 조선족은 중국 세관과 북한 공장에 보낼 문서를 작성한다. 북한에서 물건이 나오는 날이면, 한족 직원들까지 동원되어 작업해야 한다. 한국사장은 이전에 거래했던 북한 공장의 직원이 단둥에 도착했다는 전화를 받고는 "통일 보험"이라는 말을 떠올린다. 사장은 그들과 언젠가 다시 거래할 때를 대비해, 그들에게 접대를 소홀히 할 수 없다고 생각한다. 여기에 중조 국경에 대한 한국 사회의 폐쇄적 이미지와 선입견은 보이지 않는다. 북한사람과 한국사람의 국민 정체성이 그들 교류에 큰 영향을 미치지 않고 있는 것이다.

북한 식당, 북한이라는 타자를 소비하는 공간

중국과 한국 관광객이 단둥 관광에서 식사를 하는 곳 가운데 인기 가 있는 장소는 북한 식당이다. 단둥 최초의 북한 식당은 1992년에 압록강공원의 자리에 세워진 '청류관'이다. 북한 식당은 한두 곳을 빼고는 압록강변에 위치해 있다. 2010년 전후 근 10년 동안 북한 여종업원의 서빙과 공연을 볼 수 있는 것을 특징으로 내세우는 북한 식당은 예닐곱 곳이 영업하고 있다. 2011년 들렀던 북한 식당의 풍경은 다음과 같았다.

단둥에 거주하는 한국사람은 한국 관광객 10명을 접대하기 위해, 북한 식당 예약을 필수로 한다. 한국 관광객은 "통일부에 신고를 안 해도 되는지" 혹은 "북한 식당에서 지켜야 할 주의사항은 무엇인지" 등을 물어본다. 한국사람은 "괜찮다"고 말한다. 그들은 북한 음식을 먹으면서 자신들의 입맛과는 맞지 않는다는 말을 한다. 북한 여종업원이 "곧 인사를 올리겠습니다"라는 말을 함과 동시에 조금 전만 해도 음식을 접대하던 두 명의 여자 종업원이 공연 옷으로 갈아입고 〈반갑습니다〉라는 노래를 부르면서 무대 위로 걸어 올라간다. 그 이후부터 중국 노래, 한국 민요, 정체불명의 댄스 등 각각 예닐곱 곡의 노래와 춤이 30~40분 동안 이어진다. 마지막으로는 손님들과 함께 강강술래 형식으로 테이블 주변을 손을 잡고 도는 유희가 펼쳐진다. 이 순간 하나가 되었다는 느낌을 받지만, 함께 춤을 춘 북한 여종업원의 예쁜 얼굴과 달리 그들의 손이 투박하다는 사실을 알게 된 한국 관광객은 감정이 복잡해진다.

한편 손님의 대부분을 차지하고 있는 중국 손님이 몹시 좋아하는 모습에 한국 관광객은 "이해하지 못하겠다" 말한다. 한국 손님이 사진을 찍으려고 하자 옆에 있던 북한 여종업원이 제재를 가한다. 그런데 중국 손님이 사진을 찍는데 그들에 대해서는 제재하지 않는다. 한국 관광객이 공연하는 모습을 촬영하는 것을 제재하는 이유를 북한 식당의 종사자뿐만 아니라 단둥사람은 "당연하다"고 말한다. 한국 관광객은 공연 그 자체를 기념으로 남기는 것이 아니라, 한국에 돌아가 북한 식당을 타자화하는 글과 사진을 인터넷에 올린다는 것이다. 한국 관광객은 북한이라고 상상하고 기대했던 공연과는 거리가 먼 춤과 노래가 주를 이루는 모습을 보고 "당황스럽다"고 한다. "북한 식당에 북한은 없다"라는 말까지도 한다.

하지만 위의 풍경은 불과 몇 년 사이의 변화를 반영하는 것이다. 2005년만해도 애창되는 노래는 북한과 한국 가요 그리고 민요 등이 중심이었다. 2005년 당시 이곳에서 〈반갑습니다〉 〈다시 만납시다〉 〈평양랭면〉 〈목마 탄 처녀〉 등의 북한 가요와 〈고향의 봄〉 〈아침이슬〉 〈광야에서〉 〈칠갑산〉 등의 노래를 들을 수 있었다. 이때만 해도 단둥에서 북한 식당은 가격이 비싼 곳이었다. 하지만 단둥사람의 소득도 올라가면서, 더 이상 북한 식당은 한국사람만이 주로 찾는 곳이 아니다. 2011년 식당을 방문했을 당시 단둥에서 북한 식

북한 식당의 특징 중 하나인 종업원의 공연

당을 찾는 주 고객층과 관광객은 중국사람이었다. 그들은 중국식으로 여러 음식을 다양하게 주문했다.

반면에 한국 관광객은 냉면과 온반溫飯만을 주로 먹고 싶어한다. 따라서 북한 식당 입장에서도 매출액에서 중국사람과 한국사람은 비교가 되지 않는다. 한편, 북한 식당을 찾는 손님 가운데 한국사람이 당연히 많다고 생각하는 것은 한국사람의 선입견이다. 여행사에서 단체 손님을 예약할 때, 2011년에 문을 연 북한 식당은 1인당 최소 인민폐로 100원에 해당하는 음식을 주문할 것을 요구했다. 한국의 단체 관광객은 단둥에서 1인당 식사비로 주로 인민폐 20~30원을 소비한다.

이러한 사정 때문에 북한 식당은 중국사람을 고려해 공연을 한다. 그리고 북한 식당은 북한사람이 운영한다고 알려진 것과는 달리 중국 자본(북한화교와 조선족 포함)도 유입되고 있다. 식당에는 중국 주방장이 요리를 하기도 한다. 따라서 단둥에서 북한 식당은 단지 북한 여종업원만이 북한을 상징하는 것으로 인식된다. 그렇기 때문에 단둥사람은 이곳을 북한 음식을 소비하고 맛보기 위한 기회라기보다는 북한 여종업원을 만나고 그녀들의 공연을 볼 수 있는 공간으로만 의미 부여를 한다.

북한 식당의 영업 전략과 속사정을 모르는 중국 관광객과 한국 관광객의 반응은 각기 다르면서도 인식은 같다. 중국 관광객은 국경을 넘지 않아도 이국적인 북한 음식과 사람을 본 것으로 만족한다. 즉 북한 식당은 그들에게 외국이자 타자인 북한을 소비하고 경험할 수 있는 공간이다. 반면에 한국 관광객은 북한의 국경 바로 옆에 있다는 자체만으로 북한과 민족의 진정성을 만날 수 있을 것으로 생각하고 북한 식당을 찾는다. 그러나 막상 찾은 북한 식당에서 더 이상 같은 민족의 음식과 노래가 주가 아님을 알고 실망한다. 그들은 같은 민족임을 확인할 것으로 기대했던 그곳에서 다른 존재, 즉 타자를 보게 된다. 이처럼 중조 국경 바로 옆, 국경 허물기의 상징인 북한 식당에서 두 국민의 관광객은 반응은 다르지만 북한이라는 타자를 소비하고 느끼며 나온다.

국민·민족 정체성에 대한 전략: 드러내기, 감추기, 넘나들기, 확인하기

네 집단이 국경을 매개로 서로 관계를 맺는 가운데, 국경은 네 집단의 국민 정체성을 구분한다. 하지만 여기서 더 나아가 중조 국경과 관련된 생애사를 들여다보면, 네 집단의 국민·민족 정체성에 대한 다면적인 상황이 존재한다. 키어니는 미국과 멕시코의 경계 즉 국경이 명확하게 두 나라를 구분하지만, 국경지역은 두 국민국가가 중첩된 채 불분명하고 변동하는 지역이라는 문제의식을 제기한다.[57] 이러한 사례를 약 30~60년 전인 단둥 국경지역에서도 찾을 수 있다. 아래의 글은 중조 국경과 관련된 한 사람의 국민·민족 정체성 변화를 보여준다.

> 1950년에 전쟁이 나자 송덕영의 형은 중국인민군에 나가게 되었다……. 형은 압록강을 건너면서 조선인민군에 편

입되었다. 전쟁이 끝나고 복구공사를 하느라 1956년 봄까
지 조선인민군에 있었다. 중국에 부모가 있으니까 휴가를
받아 도강증을 받아 건너왔는데, 부모가 붙잡고 북한에
다시 보내지를 않았다. 인민군으로 가서 북한에 살다 왔
으니까, 중국에서는 형을 조선 교민으로 취급하였다. 그
러다가 문화혁명을 거친 후 중국 공민이 되었다.[58]

이 같은 1980년대 이전 상황은 1990년대 이후에도 이어지고 있
다. 조선족이었던 어떤 사람은 중국 국민으로 살다가 1970년대 문
화혁명 시기에 중조 국경을 넘었고, 북한 국민이 되었다. 또 다른
조선족은 한국 국민으로 국적을 바꿨지만, 여전히 단둥에서 살고
있다. 한국 국적을 취득한 조선족은 단둥에서는 당연히 한국 국민
으로 외국인 생활을 할 수밖에 없다. 그들이 체류 자격, 즉 비자를
연장할 경우 중국 공안당국은 출생지를 확인한다. 만약 중국에 아
직 호적이 살아 있으면 반드시 말소증명서를 제출해야 연장이 가능
하다. 단, 이중국적을 취득한 사람들은 중국에서 체류비자를 연장
하지 않고 기간이 만료되면 한국을 한 번씩 다녀온다. 반면에 자녀
때문에 한국 국적을 취득했던 조선족 노인들은 한국 국적을 포기하
고, 원래 살아 있는 중국 국적을 활용하여 중국 신분증을 소지한
채 중국에서 살아간다.

또 다른 예도 있다. 2012년 단둥페리에서 만난 조선족 여성은 한
국에서 중국 식당 종업원 일을 하다가 잠시 고향인 단둥에 가는 길
이었다. 6인실 방을 함께 사용한 그녀와의 대화를 통해, 나는 한 가

족의 국민·민족 정체성의 다양함을 읽을 수 있었다. 이 여성의 어머니는 북한 국적을 가지고 단둥에 살고 있는 조교다. 본인은 아버지를 따라 조선족 신분을 선택했다. 그녀는 한족과 결혼했다. 그녀의 아들은 조선족이 아닌 한족으로 살고 있다. 그녀의 어머니는 조교이기 때문에 북한에 있는 고향에 간혹 방문한다. 반면에 그녀는 조선족이기 때문에 한국에서 일을 할 수 있다. 한편 2010년 전후로 단둥에는 한국사람과 조선족, 한국사람과 한족으로 이루어진 다문화 가정이 증가하고 있고, 그들의 자녀가 유치원과 소학교에 진학하는 상황에 있다.

중국 국민이지만 북한화교는 신분증, 운전면허증 등을 받지 못하는 불편함을 감수하고도 북한화교의 신분을 유지하곤 한다. 하지만 그들 중 북한화교를 포기하고 중국 국민으로 살고자 하는 사람도 있다. 그리고 기본적으로 북한사람과 한국사람은 단둥에서 출신 국가의 정체성인 북한과 한국 국민으로 살고 있다. 이러한 네 집단의 상황에서 1997년 한국에서 태어나 2006년부터 단둥의 중국학교에 1년 넘게 다니고 있던 한국 학생은 주말에 한글학교에 와서 "선생님, 저희 학교에는 어른들이 말하는 북한, 북한화교, 조선족 친구들이 많아요. 제가 보기에는 다 똑같은 사람인데, 나누는 기준이 무엇인지 잘 모르겠어요. 전 조선족 친구라고 생각하고 있었는데 부모님이 듣더니 북한 친구라고 말씀해주셨어요"라는 고민을 말했다. 마찬가지로 "나는 누구인가"에 대한 정체성의 고민보다는 단둥의 네 집단에 속하는 기성세대는 사업 파트너를 정하는 과정에서 끊임없이 한국어를 사용하는 상대방이 누구인지 판단을 해야 되는 상황에 직면한다.

네 집단의
정체성 상징:
국기, 지명, 말투

단둥에는 세 나라의 국기가 네 집단의 국민 정체성을 드러낸다. 북한사람과 한국사람이 운영하는 회사와 상점에는 인공기와 태극기가 각각 눈에 띄는 장소에 걸려 있다. 북한화교와 조선족은 세 나라의 국기를 사무실에 소장하곤 한다. 때로는 북한의 주석 부자 사진이 담긴 액자를 북한화교와 조선족의 사무실에서 볼 수 있다. 이러한 모습을 통해 그들의 국민 정체성과 그들이 지향하고 염두에 두는 민족 정체성은 눈으로 확인된다.

특히 국기와 더불어 여권은 북한사람의 정체성을 드러내고 확인해준다. 단둥에는 북한 미술품을 전시 판매하는 곳들이 있다. 그 가운데 중국의 만리장성(호산장성)이라고 주장하는 곳에 위치한 전시장에서 북한 미술품, 수예품 및 각종 기념품을 판매하는 북한 여성은 김일성 배지와 한복을 입고 자신의 정체성을 드러내고 있었다.

그런데 그녀는 진열대에 또 하나의 정체성을 증명할 수 있는 것을 비치하고 있었다. 바로 북한 여권이다. 3년 전에 그녀는 본인의 여권을 전시하지 않았지만, 2011년 7월 여권은 그녀에게 자신의 북한 국민으로서의 정체성을 드러내는 수단이자 영업상의 도구 역할을 하고 있었다. 내가 북한 가게에 있는 30분 동안 그녀는 여권을 확인하기를 원하는 사람들의 부탁을 계속 들어주면서, 북한 물건이 진품임을 말하였다.

이처럼 물건을 사고팔 때도, 국민과 민족에 대한 판단 즉 내가 누구이고, 상대방이 누구인지를 확인하게 만드는 방법이 있다. 단둥에 오래 산 네 집단 사람은 외모와 복장, 한국어의 미묘한 차이를 기준으로 상대방의 국민·민족 정체성을 확인하곤 한다. 가령 등산복을 입고 다니는 사람은 한국사람인 반면에 서류가방, 검은 바지, 짧은 머리 혹은 파마는 북한 남자를 상징한다. 그리고 국명인 조선 혹은 북한이라는 단어가 간판에 있는지를 보고, 가게와 식당의 소유주나 손님으로 짐작되는 사람의 국민 정체성을 판단한다.

북한과 한국의 지역명을 쓰는 가게 역시 국명과 동일한 맥락에서 국민과 관련된 정체성을 드러내고 확인하는 기제로 활용된다. 또한 네 집단은 상대방이 자신의 국가를 어떻게 부르는지 보고 그 사람의 국민 정체성을 알아보며 무엇을 하는 사람인지를 판단하는 근거로 이용한다. 그들 국가에 대해 북한사람은 '조국' 혹은 '조선', 한국사람은 '한국' 혹은 '남한'이라고 칭한다. 이와 달리, 북한화교와 조선족은 상대방이 누구인지를 판단하고 상대방이 쓰는 국명을 사용한다. 하지만 그들은 북한보다는 조선과 조국이라는 단어가 익숙하다. 그렇기 때문에 조선이라는 국호만을 가지고 한국사람 외에 세 집단을 구분하기란 쉽지 않다.

이러한 조건의 연장선상에서 특히 북한사람, 북한화교, 조선족은 그들의 국민·민족 정체성에 대한 넘나들기를 효과적으로 활용한다. 즉 자신들의 정체성을 때로는 감추고 때로는 바꾸는 전략을 택하는 것이다. 간단한 예를 살펴보면, 북한사람은 자신의 정체성

을 드러내는 것이 부담스러울 때는, 중국말이 서툰 북한화교라는
신분으로 한국사람을 상대한다. 북한화교는 대북사업을 하는 한국
사람에게 간혹 북한사람임을 강조하면서 대북사업의 적임자 역할
을 자청한다. 간혹 중국 국민 신분으로 국경을 왕래해야 되는 조선
족 역시 한국사람을 상대할 때 필요에 따라 북한화교처럼 북한사
람으로 정체성을 넘나드는 것이 때로는 효과적임을 인식하고 있다.

정체성과 관련된 전략은 그들 정체성의 위치에 따라 단둥에서
사는 방식과 경제활동 범위가 다르기 때문이다. 이 같은 상황이 전
개될 수 있는 조건은 중조 국경을 넘어 북한에 갈 수도 없고, 중국
어를 능숙하게 구사할 수 없는 한국사람이 존재하기에 가능하다.
또한 이는 대북사업 또는 단둥에 살기 위해서 세 집단의 도움과 역
할이 필요한 한국사람이 그들의 정체성을 정확하게 확인할 수 없는
한계로 작용한다. 예를 들어, 북한화교는 중국어보다는 한국어가
더 편한 경우가 많기 때문에 북한사람과 구분하기는 쉽지 않다. 마
찬가지로 중국어를 못하는 북한화교가 존재하기 때문에 북한사람
이 북한화교로 행동할 수 있다.

이 때문에 단둥에는 북한사람에게 사기를 당했다는 소문이 많
다. 실제로 그런 일도 발생한다. 간혹 한국사람과 대북사업을 하던
북한화교와 조선족이 경제 문제가 생길 경우를 대비해, 한국사람이
중조 국경을 넘어 만날 수 없는 북한사람으로 자신들의 정체성을
넘나들기도 한다. 그리고 한국사람도 자신의 경제적 실패의 원인을
국경 너머 존재하는 상상 속 북한사람의 탓으로 돌릴 수 있다. 그러
므로 네 집단 사이의 경제적 피해를 입힌 사람으로 북한사람이 주

로 지목된다는 맥락을 고려한다면, 이러한 소문은 다른 각도에서도 해석이 가능하다.

사례를 덧붙인다면, 북한 식당 외에 북한화교가 경영하는 식당도 압록강변에 있다. 그곳은 북한 식당보다 저렴한 가격에 식사할 수 있고 계산대 옆에 인공기도 있다. 한국 관광객은 관광가이드로부터 이러한 식당을 북한 식당으로 소개를 받고 식사를 한다. 이때 북한화교인 식당 주인은 그들에게 북한사람으로 인사하기도 한다. 한국 관광객을 상대할 때, 식당 주인은 북한화교보다 북한사람이라는 정체성이 식당 영업 전략상 효과적임을 알고 있다.

북한화교와 조선족이 서로의 정체성을 넘나들고자 시도하는 예도 있다. 한국 관광객을 상대하는 단둥의 여행사들은 주로 한국어가 가능한 북한화교와 조선족을 관광가이드로 채용한다. 북한 사회에 살았다는 이유만으로 북한화교인 관광가이드는 한국 관광객에게 인기가 많다. 그런데 그들은 중국어와 중국 실정을 잘 모르는 경우가 많다. 고로 여행 과정에서 한국 관광객은 그들에 대한 불만을 털어놓기 시작한다. 한국 관광객의 바람과 달리, 북한화교는 자신이 태어나고 자란 북한에 대해 긍정적인 내용을 말한다. 이로 인해 한국 관광객과 갈등이 생기는 일도 있다. 이런 일들을 계속 경험하게 되는 북한화교 관광가이드는 한국 관광객에게 자신을 조선족으로 소개하기 시작한다.

이에 반해 중국에서 태어난 조선족 관광가이드는 한국사람이 원하는 바에 맞춰 북한의 실정을 과장되게 말하는 편이다. 한국 관광객은 북한에 대한 한국 사회의 선입견에 부합하는 설명을 하는 조선족 관광가이드를 좋아하기 때문이다. 그런데 때로 조선족 관광가이드는 한국 관광객이 북한화교를 더 선호함을 알게 된다. 북한화교라는 정체성이 조선족의 정체성보다 북한의 실상에 대한 진정성을 한국 관광객에게 보장한다는 것을 인식하게 되는 것이다. 조선족 관광가이드는 경력이 쌓일수록, 한국 관광객에게 조선족이 아닌 북한화교로 자신의 정체성을 언급하는 전략을 구사한다.

이와 마찬가지로 가장 적극적으로 정체성을 바꾸거나 넘나드는 사람은 북한화교라고 할 수 있다. 그들 중에는 북한화교가 할 수 있는 경제활동을 하면서 북한화교의 신분을 포기하고 중국 호구를 선택하기도 한다. 그리고 중국에서의 영구적인 삶을 계획한다. 이러한 전환을 시도하는 이유는 북한화교의 신분이 아니더라도 북한 내에 그들의 가족이 있을 경우, 중조 국경을 넘나드는 무역활동에 영향을 미치지 않기 때문이다. 지금부터 나는 국경을 넘어와 단둥 생활을 1년 정도 한 20대 북한화교가 터득한 정체성 그리고 이와 관련된 생활방식을 간략히 소개하려 한다. 이런 모습은 단둥의 젊은 북한화교가 살아가는 방식의 단면이기도 하다.

주광옥(1979년생, 가명)이라는 이름의 한 여성은 북한화교, 조선족, 중국 국민의 정체성을 넘나들고 있었다. 단둥의 안마방에서 한국사람을 상대로 전화 예약 그리고 안내하는 일을 했던 그녀는 처음 만났을 때는 자신을 조선족으로 소개했다. 하지만 중국어를 잘 못하는 모습을 보였던 그녀는 결국 사장과 내게 자신이 사실은 북한화교임을 밝혔다. 한편 그녀는 몇 달 뒤, 대북사업을 하는 한국사람을 도와주는 일을 하고자 안마방을 그만두었고 북한화교로 평양에 다녀오곤 했다. 1년 뒤, 우연히 삼마로 거리에서 다시 만난 그녀는 북한화교라는 신분보다는 불법으로 중국 거민증을 만들 계획을 내게 털어놓았다. 요점은 북한에 부모님이 계시기 때문에 자신은 무역 일을 얼마든지 할 수 있지만, 단둥에서 북한화교로 산다는 것은 3개월마다 심양조선대사관 또는 1년에 한번은 북한에 왔다갔다 해야 되는 불편함이 있다는 것이었다.

한국 사회에서 탈북자는 한국 국민이라는 위치 때문에 오히려 조선족보다 경제활동 범위가 제한을 받는 때가 있다. 이런 이유로 탈북자는 월급은 적지만 조선족으로 취업을 시도하기도 한다. 이런 사례와 반대로, 단둥에서 북한화교는 일반적으로 조선족보다 월급이 낮게 책정된다. 북한화교보다 인건비가 싼 집단은 북한사람이다. 그렇기 때문에 북한사람은 조선족 혹은 북한화교로 취직하기 위해 국민·민족 정체성을 넘나들려 한다. 한편 고용주는 임금 차이가 나는 그들이 각각 어느 나라 출신인지 파악할 필요가 있다. 이런 여건에서, 북한화교인 그녀는 조선족 신분으로 취직한 것이다. 하지만 그녀는 단둥에 살면서 중조 무역 과정에 북한화교가 필요하다는 것을 알게 되었고, 본격적으로 무역 일에 뛰어들었다. 이처럼 중국 회사가 개입되는 삼국 무역에서 중국 국민이라는 정체성이 필요할 때, 북한화교의 국민 정체성은 경제활동의 수단이자 장점이 된다.

마지막으로 북한사람과 한국사람에게서 나타나는 국민 정체성과 관련한 또 다른 형태의 정체성 감추기를 살펴보면 다음과 같다. 먼저 내가 처음 만나는 네 집단 사람에게 가볍게 궁금한 점을 물을 때마다 돌아오는 답변은 "안기부입니까?"였다. 이러한 상황이 연출되는 기본적인 이유는 단둥이 세 나라 간 첩보전의 한복판이라는 인식이 있기 때문이다. 나아가 네 집단이 살아가는 목적과 그들의 정체성으로 인한 행동의 제한도 결부되어 있다. 선교, 정보원 그리고 사업의 목적에 따라 국민·민족 정체성을 감추기도 한다. 예컨대 2003년만해도 한국사람이 북한사람을 만날 때, 낮에는 홍콩 명함을 들고 영어로 대화하고 만나며 실제로 중요한 협의는 밤에 호텔 방에서만 하는 경우도 있었다.

하지만 북한 선박을 단둥 항에 정박한 뒤, 식당을 방문한 북한사람은 마중 나온 거래처의 중국 회사 관리자가 당연히 중국사람이라고 생각하고 있다가 한국사람이라는 사실에 당황하기도 한다. 그러나 국가가 국민에게 요구하는 공식적인 시각에서 볼 때, 이러한 만남은 집단 간의 정체성 감추기 전략으로 인해 존재하지 않는다.

반대로 국가가 개입된 정보원 활동 혹은 종교의 신념에 토대를 둔 선교 역시 국민 정체성의 제약을 받을 시, 집단 간의 국민 정체성은 감추기 전략과 결부되곤 한다. 특히 북한과 한국의 갈등 상황이 연출될 때, 정체성 감추기는 그들이 단둥에서 살아가는 방식으로 작동한다. 이 같은 국민 정체성 감추기는 그들의 만남이 잘 드러나지 않는다는 점에 그치지 않는다.

국가와 연관된 정체성은 사람에게만 해당되는 것은 아니며, 단둥에서는 삼국의 국경을 넘기 위해, 북한 물건이 중국산으로, 한국 물건이 중국산이 되기도 한다. 중조 국경을 넘을 때, 한국산보다는 중국산으로 넘어가는 것이 용이할 때, 한중 무역에서 북한산보다 중국산이 경제적 이윤 창출에 도움이 될 때, 네 집단이 개입된 제품의 국가 정체성은 감춰진다. 이로 인해 단둥의 국경지역에서 만들어지거나 경유되는 세 나라의 국가 제품 속에는 삼국의 국민 정체성으로 활동한 네 집단의 경제적 역할이 스며들어 있는 때가 많다.

제7장

단둥,
삼국의
과거·현재·미래

한국 사회가 단둥의 역할과 위상을 특히 주목하는 이유가 있다. 단둥은 폐쇄된 국가로 간주되고 있는 북한 소식을 파악할 중국의 국경지역 가운데 핵심 지역으로 각광받기 때문이다. 이러한 이유로 단둥은 좁게는 북한과 한국의 첩보전, 넓게는 삼국 간 정보 전쟁이 전개되는 무대로 인식된다.[59] 특히 한국에서 단둥은 국경 너머 북한과 관련된 내용을 확인할 수 있는 장으로 여겨진다. 단둥은 한국의 NGO 단체와 북한 연구자 그리고 언론계 종사자들이 북한 소식을 직간접적으로 수집하기 위해 자주 방문하고 체류하는 곳이다. 그들이 만들어내는 단둥과 중조 국경에 대한 담론은 거의 북한과 관련되어 있다.

김정일 국방위원장의 중국 방문과 사망, 북한이 야기한 외교 정세, 북한 내부 상황 등이 보도될 때마다, 단둥은 중요한 취재 공간이 된다. 한국의 방송 뉴스에는 북한과 관련된 보도를 할 때 취재 배경으로 단둥에서 보도하고 있는 기자의 모습이 등장한다. 이처럼 단둥이 한국 사회로부터 주목받게 된 계기에 대해 단둥사람은 '2002년 양빈 사건'과 '2004년 용천 사건'을 꼽는다. 이 시기는 단둥이 급격한 외형적 발전 양상을 보이고 중조 국경의 이미지가 변화를 보이기 시작한 때와 겹친다. 단둥사람은 단둥의 역사를 말할 때, 국경 너머에 있는 신의주와의 연관성을 포함시킨다.

 그리고 두 사건 모두 단둥의 중조 국경과 관련 있다. 전자는 단둥과 국경을 맞대고 있는 신의주 개발 문제가 엮여져 있으며, 후자는 국경 너머 벌어진 폭발 사건으로 인해 한국 파견단과 함께 구호물자가 중조 국경을 통과하기도 했다. 허나 한국 언론은 신의주와 용천 사건 모두 현장에서 뉴스를 보도할 수 없었다. 중조우의교, 압록강단교, 신의주 강변을 촬영한 영상, 오가는 차량과 열차와 함께 북한을 다녀온 단둥사람(주로 북한화교 혹은 조선족)이 전해주는 소식만을 전달하는 형태가 재생산되었다.

> 25일 오전 중국 도시 단둥이 압록강과 맞닿은 강둑. 강 맞은편 북한 땅 신의주를 바라보는 50대 중반 린쉐(林雪, 여, 가명)의 마음도 용천 대형 폭발 사고 참사 이후 타들어가고 있다. 용천의 친지 화교들이 그 불벼락 속에서 살았는지 죽었는지 알 수 없고, 살았다면 밤이면 기온이 뚝 떨어지는 폐허에서 먹을 걸 제대로 챙기는지도 알 수 없기 때문이다……. 용천의 대형 참사는 단둥의 일부 중국인에게도 시름을 안겼다. 용천에 화교 친척을 둔 중국인들이 그들이다. [60]

 이러한 뉴스 보도 방식은 중조 국경이 몇몇 구호단체 외에는 한국 국적을 지닌 사람이 통과할 수 없는 국경으로 남아 있다는 것에 기인한다. [61] 이러한 맥락 가운데 2000년대 들어 단둥은 북한 소식의 진정성을 보증하는 장소가 되고 있다. 탈북자에 대한 인터뷰 외에는 별다른 수단과 방법이 없던 한국 사회에서 "단둥에서 압록강 너머 신의주를 마주하다"로 시작하는 단둥발 뉴스는 북한 소식을 접하는 기회로 다가왔다. 단둥은 북한을 상대로 한국 언론에 간접적인 국경 허물기가 가능한 공간과 사람을 제공한다.

이와 동시에 단둥발 뉴스의 내용 자체가 국경 만들기의 역할을 하기도 한다. 북한을 드나드는 중국 취재원의 존재는 중조 국경이 철의 장막이 아닌 통로의 역할을 하고 있음을 반증한다. 단둥사람이 국경 너머 북한에 다녀온 주목적은 경제활동이지만, 한국 언론은 자신들이 국경을 넘어가지 못하는 북한 내부의 사정만을 오로지 그들을 통해 보도하는 것에 관심을 보일 뿐이다. 한국 언론은 그들에게 북한 소식을 전달하는 역할만 부여한다. 대부분의 방송 내용은 단둥과 신의주의 국경지역에서의 삶이 서로 단절되지 않았음을 간과할 뿐만 아니라, 세 나라의 사람들이 만나서 실천하는 문화를 보지 못하고 있다. 외려 넘어가지 못하는 중조 국경의 이미지를 강화하는 방향으로 뉴스는 보도된다. 이로 인해 북한과 관련된 한국 뉴스는 단둥을 철의 장막에서 흘러나오는 정보의 진원지로 한정시켜버린다.[62]

한 예로 2011년 12월 김정일 국방위원장 사망 당시 단둥을 찾은 한국 기자들은 신의주 강변에 사람들의 모습이 보이지 않는 현상을 보고, 이를 북한이 국경을 폐쇄하려는 조치의 연장선상으로 취재했다. 하지만 이런 내용이 한국 방송에 보도되는 것을 보면서, 단둥사람은 "이렇게 추운 날씨에 강변에 나와 있을 북한사람이 누가 있는가?"라는 반응을 보였다. 이러한 보도는 단둥을 교류가 이뤄지는 국경지역이 아닌 단절된 국경지역으로만 파악하는 것이다. 이와 같이 북한과 관련된 단둥발 뉴스는 마치 진정성이 확보된 것으로 인식됨과 동시에 (허구적) 뉴스가 만들어질 가능성으로도 존재한다.

이러한 단둥발 뉴스의 취재 과정에 네 집단도 동참하고 있다. 한국 언론의 보도 과정에서 단둥 국경지역의 역할은 네 집단이 이곳에서 살아가는 방식을 알려주는 것이다. 네 집단 사람들은 중조 국경을 활용해 자신들이 살아가는 내용을 선택해서 말하는 전략을 구사한다. 중국 정부가 단둥에 한국 기자들이 상주할 수 없게 함으로써 한국 기자들은 자신이 발로 뛰기보다 취재원을 확보하는 것이 중요하다. 이 때문에 네 집단 중에는 단둥의 대북전문가, 대북사업가, 대북소식통이라는 이름으로 살고 있는 이들이 있다. 이 또한 한국 언론이 직접 국경을 넘어 북한으로 들어가 취재원의 이야기에 대한 사실 검증을 할 수 없는 한계가 있기 때문에 가능하다.[63] 네 집단은 북한과 관련된 한국의 뉴스 보도 과정에서 국경 허물기와 국경 만들기를 활용하고 있다.

단둥발 한국 뉴스 취재와 연관된 네 집단의 행위는 단둥에서 나타나는 네 집단의 관계 맺기나 네 집단 고유의 생활방식 차원에서 이뤄진다. 특히 여기에는 국민·민족 정체성에 대한 네 집단의 전략이 동원된다. 단둥 내 한국사람은 인맥을 동원해 찾아온 한국 기자들의 방문을 자주 경험한다. 그들은 기자에게 자신들이 알고 있는 북한 소식을 말해주거나 한국 기자들의 요청에 따라 북한화교와 조선족을 소개해준다. 2010년 전후로 자주 등장하는 북한사람에 대한 인터뷰도 이러한 관계 속에서 가능했다. 인터뷰를 위한 만남에서 네 집단 사람들은 자신의 국민·민족 정체성이 부각되는 경험을 한다. 자신의 정체성이 뉴스에 대한 진정성의 담보가 되기 때문이다. 또한 중조 국경의 폐쇄된 이미지가 강조될수록 네 집단 사람들은 자신들의 존재 가치에 희소성이 더해짐을 알게 된다.

하지만 이런 경험을 몇 번 정도 한 네 집단 사람들은 취재원이라는 역할이 단둥에서 살아가는 자신의 삶에 부정적인 영향을 미칠 수 있다는 것을 알게 된다. 한국 정부의 대북 제재에 민감한 한국 사람은 단둥에서의 생활방식이 노출되는 것에 대한 문제에 직면한다. 한국 언론에 알려진 북한화교와 조선족은 간혹 자신들의 메일이 검열되고 있다는 느낌을 말하곤 한다. 실제로 중국 공안으로부터 중조 관계에 대한 발언을 조심하라는 말을 듣는 경우와 그런 소문을 접한 두 집단 사람들은 한국 언론의 취재원 역할이 자신에게 도움이 되지 않음을 알게 된다. 나아가 중조 국경을 넘나드는 자신의 삶에 대해서 북한의 제재가 있을 수 있다는 생각을 한다.

한편 한국 기자들은 최종적으로 단둥에 있는 북한사람을 소개해달라는 부탁을 세 집단 사람들에게 한다. 이때 세 집단 사람들은 자신의 사업에 방해가 되는 것을 감수하면서까지 무리하게 북한사람을 만나게 해주는 일은 드물다. 이때 한국 기자들은 북한사람으로 알고 만나고 있지만, 실제로 북한 사정을 알고 북한 말투를 사용하는 북한화교와 조선족이 북한사람으로 행동하고 인터뷰한다. 이와 같이 네 집단은 한국 언론으로부터 자신들의 삶을 보호하고자 한다. 이를 위해 단둥발 뉴스와 관련되어 국경 만들기를 실천하며,

자신들이 관련된 삼국이 만나는 국경지역 문화에 대해서는 국경 감추기를 시도한다. 즉 국경 너머 북한에 대한 이야기만 하는 것이다. 한국 기자들이 확인할 수 없다는 점을 알기 때문에 북한화교와 조선족은 북한 내부의 사정에 대해 편하게 말한다. 또한 한국 뉴스를 위성 방송을 통해 접하고 있는 그들은 한국 기자들이 원하는 내용에 맞춰 답변하기도 한다. 대부분 북한 사정이 어렵다는 대답이 반복되며, 이 과정에서 한국 기자들은 뉴스가 만들어지고 있는지 검증하지 못하고 그대로 보도한다.

가령 그들은 단둥에서 북한으로 유입되는 물건의 대부분이 중국산이라는 말을 한다. 하지만 중국산으로 표현된 물건에 네 집단이 어떻게 연결되어 있는지 언급하지는 않는다. 단지 네 집단은 "압록강의 배와 보따리 장사를 통해서 밀 무역을 한다"와 같이 단둥사람이면 누구나 아는 일반적인 이야기만 꺼낼 뿐 국경무역에 대한 구체적인 내용은 피한다. 한국사람이 관련된 물건이 어떻게 북한으로 유입되는지, 북한에서 만들어진 물건이 단둥에 유입되고 한국으로 어떤 방식으로 다시 수출되는지에 대해서는 일체 말하지 않는다. 이 때문에 한국 기자들은 "단둥만큼 취재가 어려운 곳은 없다"는 말을 한다.

이러한 정황은 2011년 12월, 김정일 사망과 관련된 단둥발 뉴스에서도 보인다. 당시 네 집단이 취재원으로 한국 방송에 등장하는 것을 꺼리는 상황 때문에, 단둥을 방문한 지 3일째 되는 한국의 한 연예인이 단둥과 신의주 국경지역 모습을 보도하는 취재원 역할을 했다. 한국 기자들은 눈에 띄는 현상 가운데 단둥 세관 앞에서 북한사람이 조화를 구입하는 모습과 이로 인해 벌어진 조화 가격 폭등, 북한 식당 영업 중단, 국경 너머 신의주의 한산한 풍경 등을 위주로 기사 내용을 작성할 수밖에 없었다.[64] 그러나 당시 실제 상황을 연구자가 관찰한 바에 따르면, 기자와의 인터뷰를 거절했던 네 집단 사람들은 바쁘게 움직였다. 한국사람은 인맥을 활용해 북한 공장의 사정을 확인하고 양 국경 세관의 업무 상황을 판단해야 했고 한국에서 걸려오는 국제전화는 계속 울렸다. 북한화교는 자신들의 송년회 모임을 연기했고, 장례식이 끝난 이후에 개최하였다. 조선족은 자신의 사업 파트너인 북한사람의 귀국 행렬에 도움을 주고자 조화와 선물 등을 준비했다. 북한사람은 나머지 세 집단에 조화를 전달받고 중조 국경무역의 진행 상황을 알려주고 있었다. 이런 행위는 네 집단 사이에 경제적 연결 고리를 계속 맺기 위해 이뤄지는 것이었다.

당시 단둥의 조화 가격은 북한사람뿐만 아니라 단둥사람도 일시에 구매하였기 때문에 폭등할 수밖에 없었다. "누가 북한사람에게 어떤 꽃다발을 선물했다" 혹은 "어떤 회사가 가장 큰 조화를 보냈다"라는 이야기를 통해, 네 집단은 중조 국경무역과 관련된 인맥을 확인하고 있었다. 사업 파트너인 북한사람의 입장을 고려해서, 그들은 술집과 노래방을 찾는 것을 자제했다. 이처럼 네 집단이 다소 제한된 방식으로 북한 뉴스를 제공하거나 심지어 만드는 현실은 실제의 북한 혹은 북중 관계를 이해하는 데 벽으로 작동한다. 또 단둥 국경지역의 교류 문화를 쉽게 지나치도록 한다. 이러한 상황을 한국 연구자들도 단둥에서 직면하게 된다. 이 과정에서 한국 언론과 연구자들은 특히 신의주와 맞물리면서 형성된 단둥의 국경지역 문화가 있음을 놓쳐버린다.

단둥 경제에
스며든
특수한 시간

북한이 1970년대 중반까지 가장 성공한 사회주의 산업화 국가 중 하나였다는 사실 혹은 북한이 한국보다 경제적으로 풍요했다는 사실을 한국 사회는 간과하는 경향이 있다. [65] 마찬가지로 중국과 북한의 경제적 차이와 관련된 시각도 동일하게 바라보는 면이 있다. 최소한 북한보다는 중국이 늘 경제적 우위에 있었다는 편견은 단둥과 신의주 양 도시의 과거에 대한 담론에도 이어진다.

1990년대 말, 단둥의 야경을 기억하는 한국사람은 "밤거리가 매우 어두워 손전등을 가지고 다녀야 했다"고 농담 반 진담 반으로 술회한다. 그러나 2010년 전후의 단둥 시내 모습에서는 이런 과거의 경험을 짐작할 수 없다. 한편 중국의 여러 도시 중 단둥이 국경지역에 위치해 있어서 생긴 선입견에 영향을 받은 한국사람은 단둥이 개발과 발전이 더딘 도시일 것이라 짐작한 채 방문한다. 그러나 그들은 단둥의 압록강단교 주변으로 끊임없이 이어지는 고층 아파트를 보는 순간, "자신의 생각이 짧았다"고 주변 사람들에게 이야기한다. 나아가 압록강의 유람선에서 목격하게 되는 허름한 건물의 신의주 풍경은 고층 아파트로 대변되는 단둥의 발전을 더욱 극명하게 보여준다.

단둥에 방문한 한국사람은 이내 단둥과 신의주에 대한 이야기로 화제를 전환한다. 그들의 대화는 두 도시를 단순히 비교하는 것에 그치지 않는다. 그들은 자본주의의 결과물로 간주되는 단둥의 고층 아파트와 사회주의라는 과거에 갇혀 있는 신의주 강변의 차이로 두 도시의 특성을 강조한다. 이때 그들은 단둥과 신의주는 10년 전, 20년 전에도 현재의 모습처럼 존재했던 것처럼 이야기한다. 한국 언론도 단지 신의주와 비교되는 단둥의 발전만을 조명하는 시각이 주를 이룬다. 예를 들어 신의주의 모습을 "역사와 시간이 정지된 곳",⁻66 "단둥과 신의주 그리고 하늘과 땅"⁻67 등으로 묘사하는 것이다.

이러한 시각의 중심에는 현재뿐만 아니라 과거에도 단둥과 신의주의 중조 국경이 장벽의 역할을 했다는 선입관이 있다. 그동안 두 도시의 경제 교류가 있었다면 이처럼 대비될 수는 없다는 생각을 하는 것이다. 이 때문에 공식적인 통계에서도 1980년대 이후 단둥과 신의주가 경제적 교류가 꾸준히 있다는 사실, 단둥 경제의 바탕에는 신의주와의 국경무역을 통한 경제 교류가 큰 비중을 차지하고 있다는 점을 받아들일 여지를 주지 않는다. 반대로 "중조우의교를 왕래하는 트럭은 북한에서 나올 때는 비어 있다" 혹은 "북한에서는 나올 것이 없다" 그리고 "단지 북한에 대한 경제 원조만이 단둥을 통해 이루어지고 있다"는 편견만이 강화될 뿐이다.

단둥에 대한 외부의 시선은 단둥과 신의주의 경제 상황이 과거부터 현재까지 이어지면서 함수 관계에 놓여 있음을 보지 못하고 있다. 단둥 입장에서는 신의주와의 경제적 교류가 필요 없었던 것으로 치부한다. 이로 인해 늘 단둥과 신의주의 관계에서는 북한에 대한 중국의 무상원조 틀만이 과거에 존재했고 현재에도 존재하는 것으로 언급한다.[68] 다시 말해 1980년대 초가 중국 개혁개방 정책의 시작이었다는 점, 1990년대 중반이 북한에 자연재해가 닥친 시기였다는 점을 사람들은 고려하지 않는다. 사람들은 20년 동안 진행된 두 국경지역의 경제적 격차가 변화하는 시기와 그 의미에 주목하지 않는다. 1980년대와 1990년대를 같은 시기 또는 반대로 상정하면서 2000년대 전후의 단둥과 신의주를 바라볼 뿐이다. 이는 오늘날의 편견으로 과거를 해석하는 경향으로, 현재의 상상되는 경제적 장벽의 국경이 과거에도 투영되는 것이다.

그러나 1990년대부터 대북사업을 한 사람들과 그 사업을 계속 진행중인 사람들은 최소한 신의주와 비교했을 때 단둥의 경제적 여유가 어디에 바탕을 두고 있는지 알고 있다. 그들은 "양 국경도시의 외형적인 격차가 실패한 사회주의와 성공한 자본주의로만 설명하기에는 부족하다"고 말한다. 아울러 "신의주와 상관없이 단둥의 경제적 변화가 이뤄진 적은 없었다"고 단언한다. 단둥의 경제적 바탕에는 신의주와의 교류가 핵심이었고, 그 근거로 단둥에서 자신들이 부를 획득한 근원은 중조 국경무역 활동이라는 점을 든다. 비록 자존심의 표현인 면도 있지만, 북한사람도 사석에서 "단둥의 경제성장은 자신들이 있었기에 가능했다"라고 말한다.

1960년대에는 신의주가 중공업 등의 발달로 단둥보다 모든 면에서 앞서 있었다.[69] 그리고 중국의 개혁개방 이후 1980년대 단둥의 경제활동 영역에는 넓게는 북한, 좁게는 신의주와의 국경무역이 큰 비중을 차지했다. 신의주의 경제적 영향으로 단둥사람은 그 당시를 먹고살 만한 시절로 기억한다. 단둥사람은 1980년대 말만 해도, 신의주 거리와 비교하면서 표현했던 "단둥과 중국 도시들은 깨끗한 신의주를 본받아야 한다"는 말을 회상한다. "깨끗한 신의주"에 담긴 의미는 경제적 여유와 상황을 은유하는 것이다. 현재 중국의 타지역 사람들이 인식하는 단둥사람의 과거를 둘러싼 시각에서도 신의주가 단둥에 끼친 경제적 영향을 읽어낼 수 있다. 중국에서 단둥사람은 "조선(북)항에서의 밀거래로 큰돈을 모았던 사람이기 때문에 믿음이 가지 않는다"고 인식되었다. "중국의 남방에 가서 단둥에서 왔다고 하면, 인간관계를 맺기가 되기 힘들었다"고 단둥사람은 기억한다. 이처럼 중국 내에서 단둥사람의 삶은 경제적 측면뿐만 아니라 생활의 온갖 단면이 국경 너머 신의주와 얽혀 있었다.

이처럼 중조 국경을 사이에 두고 과거에서 현재까지 이어지는 단둥과 신의주 간 관계에서, 경제적 장벽의 기능을 하는 국경이 존재한다는 편견, 이와 함께 신의주보다 늘 경제적 우위에 있었던 것으로 단둥을 바라보는 시선은 단둥의 국경지역 문화에 내재된 다양한 의미를 놓치게 한다. 북중 관계 혹은 단둥과 신의주 관계를 정치적 틀 위주로 보게 하지만 신의주와 단둥사람이 양 국가가 강조하는 혈맹 관계로만 서로를 생각하는 것은 아니다. 이와 더불어 양 국경지역의 사람들 사이에는 경제적 파트너로서의 교류가 있었고 2000년대 접어들어서도 이어지고 있음을 주목할 필요가 있다. 단둥은 국경 너머 신의주와의 경제적 맞물림 속에서 존재하는 도시인 것이다.

양빈 사건이 있던 당시, 단둥사람은 인건비와 관련해 "단둥과 신의
주는 경제적 측면에서 주도권 경쟁에 있던 시기였다"고 기억한다.
이때 단둥사람은 경제적 차원에서 중국 고위부가 김정일에게 신의
주보다는 개성을 권유했다는 일화를 정설로 언급한다. 신의주의 노
동시장이 활성화되면, 비슷한 위치에 있는 단둥의 노동시장이 위축
된다고 생각했다는 것이다. 하지만 신의주 개발설과 확정은 양빈 사
건 이후에도 꾸준히 언급되었다. 2010년 신의주 특구가 다시금 주
목을 받는 상황이 되었던 것이다. 그러나 국경 너머 신의주의 모습
에서 변화상을 찾기는 힘들다.

반면 내가 현장연구를 마친 2007년 말과 비교해서, 보충연구를
한 2011년 여름의 단둥 시내는 외형적인 규모면에서 2배 이상 그 범
위가 넓어져 있었다.[70] 이러한 변화의 중심에는 단둥과 관련된 국
경지역 개발 계획과 실행이 있었다. 단둥의 국경지역에 영향을 미친
개발 담론은 일명 "오점 일선"이라고 알려진 개발 프로젝트였다.[71]
그러나 2006년 말, 개발 프로젝트의 신호탄이라고 인식된 SK 아파
트가 기공식을 치를 때만 해도 단둥사람은 단둥 국경지역의 개발
담론을 하나의 신기루라고 여겼다.[72] 개발 계획을 담은 문서들만
이 사람들 사이에서 돌아다닐 뿐이었다. 2007년 말 단둥 시내 외곽
에 자리잡은 신시가지 조성 계획도와 미래 청사진을 그린 조감도가

허허벌판에 세워져 있었다. 내용 가운데 핵심은 미국과 홍콩 자본의 유입이었다. 단둥사람은 이를 끊임없이 발표되고 실행되지 않는 단둥-신의주가 연관된 개발 담론 가운데 하나로 생각했고, 단둥과 신의주의 경제적 경쟁 관계는 늘 변수라고 말했다.

한편으로 단둥 관련 개발 프로젝트는 부동산업자가 활용하는 좋은 소재가 되어 있었다. 이미 2000년대 접어들어 불기 시작한 고층 아파트 건설 붐으로 인해, 2007년 단둥의 기존 시가지 가운데 압록 강변에는 더 이상 건설부지가 보이지 않을 정도였다. 이 와중에 단둥 고층 아파트의 3분의 1은 한국의 강남 아줌마들이 구입했다는 소문이 돌기도 했다. 아울러 좀 더 큰손은 중국의 남방 자본이라는 말도 있었다. 이러한 상황에서 단지 단둥사람의 꿈을 중국의 중앙 정부와 연결시키는 희망으로 간주되었던 단둥 개발이 단순히 미래의 개발 담론이 아닌 현실에서 구체화되는 모습으로 나타나기 시작했다.

2010년 전후 단둥 사회는 변화의 기로에 또 한 번 직면하고 있다. 1910년대 초 압록강 상류에 위치한 호산장성 주변에서 지금의 단둥 시내로 옮겨온 중심축이 다시 압록강변의 하류를 따라 서해와 더 가까운 곳으로 이동중이다. 이러한 조짐을 단둥사람은 피부로 느낀다고 이야기한다. 2011년 단둥 시정부 청사가 신시가지로 옮겨갈 준비를 하고 있었다. 주변에는 한국의 SK그룹이 운영하는 보세창고가 운영중이었다. 2001년부터 논의되기 시작한 신압록강대교는 2011년 당시 건설되고 있었다. 2011년 이 다리가 시작되는 국경 지역에는 아파트 단지의 마무리 공사가 진행중이었다. 1910년대와

국경무역 활성화로 인해 2000년대 중반 전후부터
단둥에 붐이 일기 시작한 20~30층의 아파트 건설

다른 점은 신의주와는 별도로 단둥은 또 하나의 단둥 내 중심축을 만들고 있다는 점이다. 2010년 전후로 단둥의 국경지역에는 적극적인 단둥 개발을 추진하는 현장이 나타나고 있다. 이러한 양상에 대해서 단둥사람은 "한반도 통일의 전후를 대비한다거나 혹은 중국이 국경 만들기를 시도한다"고 말한다.

이처럼 단둥은 신압록강대교의 별칭인 국문대교에 담긴 의미인 국가의 문이자 창구를 그들의 국경지역에서 준비하고 있다. 이를 뒷받침하는 "오점 일선"의 주요 방향은 단둥이 대외개방 전략의 실시로 동북3성의 물류운송 중심지로 지정되어, 국제무역 및 수출입가공과 국제관광 등 유대 역할을 할 것이라는 전망을 담고 있다. 하지만 이미 단둥은 1990년대부터 이 역할을 수행하고 있었기 때문에, 미래에 대한 개발 담론이라기보다는 동북아 물류 중심지라는 역할을 강화하는 것이라고 보는 게 타당하다(국문만 신도시를 선전하는 내용 가운데 하나는 "국문만 신도시와 함께하는 21C 단둥의 꿈! 단지 한 도시를 변혁시키는 것이 아니라, 동북아 시대의 새로운 패러다임을 이끈다. 2011년 문을 여는 단둥 시 국문만, 동북아 시대의 새로운 투자 기회를 창출한다"다).

하지만 이런 단둥 국경지역 내 경제 지형의 변화는 신의주를 염두에 두지 않은 채 진행되는 것은 아니다. 2010년대의 중국은 이제 싼 인건비의 대명사라는 자리를 내놓은 상태다. 한국 회사들이 싼 노동력을 찾아 중국에 왔다가 지금은 방글라데시, 말레이시아로 이동하고 있다.[73] 2005년 전후로 한국 봉제업체의 사업가들에게 단둥은 북한과 중국 두 나라 중 하나를 선택할 수 있는 곳이었다. 단

단둥과
함께한
신의주
태동을
함께한
신의주

17세기 후반부터 19세기 중반까지 지속된 청나라의 봉금 정책의 영향으로 선양을 제외한 오늘날 만주 지역의 도시는 대부분 19세기 말 20세기 초에 조성된 신도시의 성격을 보이고 있다. [74] 그리고 1909년 지금의 단둥과 선양을 연결하는 철도 부설의 내용이 담긴 청나라와 일본 간의 간도협약에 의해서 1911년 압록강철교(압록강단교)가 완성되었다. 이 과정에서 신의주는 의주에서 생활의 중심지가 옮겨지면서 형성된 도시다. [75] 즉 의주와 신의주는 지역의 지명이 바뀐 것이 아니다. 현재 단둥 시내의 외곽에 있는 호산장성 건너편인 의주에서 단둥 시내의 압록강단교와 중조우의교의 건너편인 신의주로 생활의 중심지가 이동한 것이다. 이러한 맥락을 고려한다면, 단둥과 신의주의 외형적인 위치는 1904년 러일전쟁(압록강전투), 1911년 압록강철교 완성, 1930년대 이후의 만주국 시대를 걸치면서 형성되었다고 할 수 있다. 19세기 말까지 의주 너머 압록강변에는 고려촌이라는 마을 정도가 있었다. 오늘날 단둥 시내가 위치한 곳은 갈대숲이었다. 20세기 초 단둥과 신의주는 태동을 함께한 도시다.

압록강을 사이에 둔 단둥과 신의주는 국경으로 인해 단절되어 있지 않다.
이러한 삶을 두고 단둥사람들은 "압록강에는 국경이 없다"고 표현한다.

등 봉제공장의 인건비와 북한의 물류비를 포함한 인건비는 뚜렷한 비교 대상이었으나 2010년 전후로 단둥은 싼 인건비라는 장점이 사라진 지역이다(2005년 단둥의 일반 노동자의 월급이 인민폐로 약 800원이었다. 하지만 2011년 그들은 월급을 인민폐로 약 2000원을 받는다).

그럼에도 불구하고 한국 회사들은 단둥이 아직 매력적인 곳임을 인정한다. 그 이유는 정작 단둥이 아니라 북한에 있다. 이러한 상황은 중국 봉제공장의 입장에서도 마찬가지다. 그러므로 더 이상 단둥과 신의주는 노동시장에서 경쟁 관계가 아니다. 오히려 단둥은 북한의 싼 노동력이 필요한 상황이 되었다. 2010년 전후로 북한과 중국 내 인적 자원의 중복은 과거가 되었고, 이런 점이 오히려 단둥 신도시 조성의 동인 역할을 하고 있다. 따라서 신압록강대교 건설은 동북아 물류 중심지라는 역할을 기대하는 것의 상징이면서 이와 동시에 북한의 노동 인력을 활용하고자 하는 중국의 의도도 담겨 있다. 중국의 대對북한 연계개발 전략 목적인 물류 인프라 구축은 현재 단둥에서 실현중이다. 그리고 북한으로부터 노동력 확보가 필요한 단둥으로 경제 지형이 변하고 있다.

이러한 상황에서 단둥 신도시의 국경 너머에는 북한의 황금평이 단둥사람의 관심 대상으로 부각되었다. 2006년, 단둥사람은 신의주에서 어떤 지역이 먼저 개발될 것인가에 대한 의견이 많았다. 위화도는 북한 신의주의 노동력을 바로 활용할 수 있다는 장점이 있었다. 반면에 황금평은 논밭뿐이었고, 중국의 단둥 국경지역에도 압록강대로만이 있었다. 이곳은 항구가 더 가깝다는 이유로 동남아 물류의 중심지 역할이라는 장점이 있다고 판단을 했다.

이를 이용하려는 황금평 개발 계획, 예를 들어 "개발면적이 북한 황금평 개발지구 12.5제곱킬로미터, 중국 측 단둥 신도시 랴오닝성 산업지구 10제곱킬로미터다" "북한이 한국 기업의 황금평 투자 참여에 대해 반대한다. 하지만 현재는 중국과 합자한 기업 중 국제 경쟁력이 있는 대기업에 한해서는 입주를 허용할 수 있다고 입장을 선회하였다" "중국의 국가급 그룹의 3개 그룹이 대주주로 참여하고 있다" "황금평 내에는 주거, 상업, 의료, 임가공 단지, 자동차 부품, IT 업종, 부두 하역지, 식품가공단지, 건축자재, 물류 기지 등이 들어설 예정이다" "완성될 경우, 북한 인력은 대력 6000~6500명 정도 거주할 계획이다" "중국 공산당 단둥 시 대표단이 북한의 평양에서 북한 대표단과 면담을 했다" "북한과 중국이 인건비를 협의하였다. 월급 기준 중국 노동자의 경우 인민폐로 초급은 2000원, 중급은 2600원, 고급은 3200원, 북한 노동자의 경우 초급은 100달러, 중급은 120달러, 고급은 150달러이다" 등을 단둥사람은 사실 여부와 상관없이 이야기한다.

2012년 6월, 단둥 시 대외무역합작국이 투자설명회를 할 때, 배포된 책자 내용에는 "단둥은 노동력 자원도 아주 풍부하며 현지 자원 외에도 조선의 인력을 수입할 수 있고, 중조 경제무역 제휴 영역에서의 끝없는 확전과 함께 조선의 소프트웨어 및 서비스 대외 하청 인재 및 대량의 기술 노동자들도 충분히 이용할 수 있으며 노동 밀집형 산업에 노동자원을 보장할 수 있습니다"라는 단둥의 투자 잠재력을 설명하는 내용이 쓰여 있다. 한편 북한도 다음과 같은 조치를 취하는 것으로 알려지고 있다. 위잉즈[76]에 의하면, 2011년

12월 8일, "조선중앙통신사"는 북한 최고인민회의 상임 위원회에서 12월 3일 이미 황금평과 위화도 경제특구법을 통과시켰다고 발표하였고, 2012년 3월 17일 이 법률의 구체적 내용을 공개했다. 이러한 흐름 속에서 '일교양도—橋兩島' 건설 프로젝트가 거론되고 있다. 이는 곧 하나의 다리와 두 개의 섬, 즉 압록강대교 및 위화도와 황금평에 대한 개발 담론이다.

이처럼 단둥의 경제 지형 변화에는 노동 인력과 관련해 국경 허물기에 대한 단둥사람의 기대 그리고 북한과 중국의 개발 담론이 포함되어 있다. 단둥사람은 국경 허물기만을 기다리지 않는다. 2011년 전후 단둥사람은 북한의 노동 인력과 관련, 두 가지 방식을 활용하고 있다. 2011년 전후로 한국 회사들의 주문이 줄어든 북한 봉제공장에 중국 공장의 주문이 밀려들었다. 단둥 항에는 북한행 화물선들이 바쁘게 움직인다. 단둥에는 중국 노동자 대신에 북한 노동자를 고용한 봉제공장이 늘어나고 있다. 이러한 공장에서 만들어진 의류들은 'MADE IN CHINA'로 전 세계를 향해 수출된다. 중국 정부가 추진하고 있는 황금평 국경 너머 단둥 신시가지의 주거 단지는 완공 단계에 있고 신압록강대교는 꾸준히 건설중이다. 이 같은 단둥과 신의주의 경제 지형 변화와 개발 담론의 구체화는 중조 국경을 넘나드는 무역 거래 방식을 통한 물류의 요충지 기능과 더불어, 이곳이 앞으로 산업 협력과 국가 간 협력 개발을 통한 생산 기지의 역할이라는 방향으로 나아가고 있음을 보여준다.

2012년 한국 정부의 5·24조치는 결과적으로 한국의 관련 기업이
더 큰 손실을 입었을 정도로 남북 간에는 여러 형태의 경제 교류가
진행되고 있었다. [77] 실상 "5·24 대북 제재 조치"와 같은 남북 무역
중단은 단둥 국경무역의 현실상 한계가 있다. 위에서 살펴본바, 이
정책은 남북경협과 중조 무역이 개별적인 차원에서 이뤄지고 있다
는 단견에서 나온 측면이 있다. 특히 남북경협에서 단둥 내 국경무
역의 역할과 방식을 간과해버렸다. 무역과 관련해 한중 국경에 대
한 통제가 현실적으로 어려운 상황에서, 한국 정부가 기본적으로
할 수 있는 일은 단둥 국경무역의 다양한 방식 가운데 보세무역 금
지에 국한된 것이다. 단둥의 네 집단은 민경련과 통일부를 통해야
하는 보세무역 외에도, 이 글에서 설명한 다양한 무역 방식을 활용
중이다. 한편 한국 정부의 국경 만들기로 인해, 단둥에서 한국사람
의 국경무역 활동이 위축된 것은 사실이다.

그러나 네 집단과 관련해 국경무역의 또 다른 토대와 방식은 여
전히 유지되고 있는 것이 2010년대 초반 단둥의 실정이다. 2011년
말에 만난 북한화교와 조선족은 "무역 일이 많아 긴장한다(바쁘다)"
라는 말로 자신들의 삶을 표현했다. 단둥에 살고 있는 한국사람
의 규모가 줄어들었다는 말을 하지만, 가장인 아버지는 남고 가족
이 한국으로 돌아간 예가 많다. 대북 무역의 실질적인 주체인 한국

사람은 여전히 단둥에 살고 있으며, 북한사람의 규모는 늘고 있다. 2011년 12월, 단둥페리의 객실에는 임가공과 관련된 대북사업을 변함없이 하며 단둥에 살고 있는 한국사람 그리고 대북사업 가운데 수산물 무역의 경제적 타산을 알아보기 위해 단둥을 처음 방문한 한국사람이 함께 대화를 나누는 장면이 목격되었다. 그들 대화에서 그들과 거래하고 만나는 단둥에 살고 있는 북한사람, 북한화교, 조선족 이야기가 빠지지 않는다. 이러한 삼국 무역의 중심지로서의 단둥 상황은 2012년에도 이어지고 있다.

한편 2012년 6월 남북경협의 상징인 개성공단은 착공 9주년을 맞이했다. 그동안 개성공단 프로젝트는 남북 정치·외교 관계의 직접적인 영향하에 진행되어왔다. 하지만 북한과 한국의 국경 만들기 및 북한과 중국의 정치·외교 등과는 별도로, 단둥 국경지역에서 네 집단의 개인이 행하고 있는 국경 허물기 즉 인적·물적 교류는 중조우의교, 조선 거리, 압록강의 배 등에서 약 20년 동안 꾸준히 자리를 잡고 있다.

개성공단은 개성에 거주하는 북한사람에게 한국의 초코파이와 라면 맛을 알게 해줬다고 한다. 반면 북한사람이 구매하는 한국산 전기밥솥을 두고 단둥사람은 "분단 이후 북한사람과 한국사람이 많은 부분에서 이질적으로 변해왔지만, 최소한 밥맛은 통일되고 있다"고 말한다. 또 "한국사람의 등산복이나 다양한 종류의 옷은 북한 노동자들이 책임졌다"고 이야기한다. 이는 남북경협의 역사와 현주소뿐만 아니라 한반도의 분단 상황을 극복하고 통일을 위해서 지향해야 할 바가 무엇인지를 보여주는 사례다. 즉 네 집단이 살아가는 방식은 '동북아 공동체 추구'라는 거시적인 담론이 놓치고 있는 삼국이 연결된 현실을 미시적으로 보여주고 있는 것이다. 그들은 오늘도 경의선 통과가 상징하는 국경 넘나들기라는 내용과 그 역할을 단둥에서 실천하고 있다.

1_ 강주원(2006)

2_ 김광억(2000:46)

3_ 단둥이 중국의 동북3성에 속해 있다는 점을 감안한다면, 2000년 연변에서 한 달 정도 탈북자 관련 현장연구를 수행한 것과 더불어 2004년과 2005년 각각 20일 정도 동북3성의 주요 거점(심양, 연변, 하얼빈) 도시와 조선족 거주지역을 찾아다니면서, 박사논문을 위한 현장연구 지역을 모색했던 경험도 본 책의 밑바탕이 되고 있다.

4_ 박사 논문은 2004년(3박 4일)과 2005년의 예비연구(5박 6일)를 거쳐, 2006년 10월부터 2007년 12월(약 15개월)까지 행한 현장연구를 바탕으로 구성되어 있다. 그리고 2008년 2월(5박 6일)과 8월(9박 10일), 2011년 7월(6박 7일)과 12월(7박 8일)에 보충연구를 하였다. 마지막으로 초고가 완성된 뒤, 키 인포먼트들에게 재검증을 받고자 2012년 6월(5박 6일)과 7월(3박 4일)에 단둥을 방문했다.

5_ 참고로 세계 곳곳의 국경에 관한 현주소를 정리하면 다음과 같다. Williams (2004)는 경계의 갈등과 국경 분쟁이 20세기 세계사의 중심에 있었다고 말한다. Donnan&Wilson(1994)은 세계의 국민국가 사이의 경계지역을 313곳으로 추산하고 있다. 2010년 한국에서는 〈장벽을 넘는 사람들〉이 방송되었다. 이 다큐멘터리는 동서를 갈라놓았던 베를린 장벽처럼 미국과 멕시코, 유럽 외곽, 이스라엘 등에는 장벽이 설치되어 일종의 물리적 국경 역할을 하고 있음을 알려줬다. 장벽은 사람을 분리하는 경계로 작용한다. 아메리칸드림을 저지하기 위해, 아프리카 국가의 인력 유입을 막기 위해, 테러를 막기 위해 장벽이 설치된 것이다. 국경과 관련된 문제는 정치와 외교에만 국한되어 있지 않다. 이 중심에는 경제적 이해관계가 놓여 있다.

6_ 이동진(2010:36)

7_ Morris Suzuki(2006)

8_ Rosaldo(1989)

9_ 박준규(2006)

10_ 김광억(2008); 박우 외(2012) 참고.

11_ 김현미(2008)는 영국 남부 지역에 한국사람, 조선족과 더불어 탈북자들이 상주하고 있음을 주목하면서, 한인 디아스포라 집단 거주지는 상상의 공동체라기보다는 한인 간의 초국적 실천이 경쟁하고 경합해가며 생성되는 현장임을 언급하고 있다.

12_ 단둥에 대한 한국 인류학계의 대표적 연구는 「중국 요녕성 한인동포의 생활문화」를 들 수 있다. 이 연구는 조선족 연구가 집중되었던 연변지역에 대한 논문들과 달리, 1997년 랴오닝성 지역의 조선족에 대한 '초기 시도'(일상의 현실 속에서 참여관찰을 기반으로 한 인류학적 현지조사)로서 중요한 의미가 있다(김광억 외 1997). 이 보고서는 국경을 매개로 한 단둥 연구의 키워드를 제공해준다. 특히, 그로부터 10년이 지난 시점에 행해진 본 연구는 그간의 변화의 깊이를 비교학적으로 알게 해준다. "중국 동포와 북한의 동포 사이의 오가는 이야기에 제3자가 되어야 했다" 혹은 "민족 관계와 민족의식에 관한 문제는 사안의 정치적 민감성을 고려하여 여기서는 간단히 취급한다(김광억 1997:20-22)"라고 서술한 부분이 그렇다. 나는 현장연구를 통해 이러한 표현들이 의미하는 바의 핵심이 무엇인지를 알 수 있었고, 인포먼트가 회피했던 내용에 담긴 의미를 재해석할 수 있었다. 예를 들어, 중국 정부 자료와 단둥 조선족 연구시 주의할 점, 한국뿐만 아니라 북한의 영향을 받고 있는 단둥과 조선족, 북한 이야기에 대해 조선족이 회피하는 이유, 북한과 관련된 해상무역의 존재, 문화대혁명의 영향으로 한국어가 사라진 배경과 한국어의 활성화 계기, 국경과 관련된 조선족 국민 정체성의 변화, 국경무역과 조선족의 역할까지 국경 개념이 없던 단둥의 국경지역은 내 연구의 방향과 방법론을 제시해줬다.

13_ 중국에서 단둥 시丹東市는 실질적으로 단둥지구丹東市區 전체를 일컫는 말이다(김종범 2000). 이로 인해, 동서로 196킬로미터, 남북으로 160킬로미터에 달하여 넓은 농촌지역, 둥강 시東港市, 펑청 시鳳城市, 관전만족자치현寬甸滿族自治縣 등을 포함한다. 따라서 이 글의 연구지역을 단둥 시로 언급하면 연구지역에 대한 중국과 한국의 인식 차이가 생긴다. 그리고 단둥 시내는 중

국 행정 명칭으로 단둥 시가 아닌 단둥 시구다. 반면에 중국에서도 이 지역의 범위를 지칭할 때, 단둥과 단둥 시내를 공식 행정 단위는 아니지만 일반적인 용어로 쓰고 있다.

14_ 김광억(2003:44)

15_ 이옥희(2011:28) 참고.

16_ 조경진(2005)

17_ 이용숙 외(2012:83−85)

18_ 김광억(2000:44)

19_ 권숙인(1998:59); 윤택림(2004) 참고.

20_ 이용숙 외(2012:147−149)

21_ 『연합뉴스』 2007년 11월 9일자, "EU, 중·동 유럽 9개국에 내달 21일부터 국경 개방"

22_ 『경향신문』 2009년 9월 22일자, "中 단둥, 항구도시를 꿈꾸다: 압록강에 부는 개발 바람, 북 닫힌 문 열까"

23_ 김광억(1997:23)

24_ 박광성(2006);양영균(2006:93−98)

25_ 이찬우(1999);이철(2006)

26_ 임수호(2010:27−29)

27_ 『시사저널』 2011년 1월 6일자, "중국, 북한 경제 접수 속도 내다"

28_ 『한국경제』 2011년 1월 5일자, "북한도 한류 열풍… 올인, 겨울 연가 인기리 유통"

29_ 『뉴스와이어』 2011년 1월 6일자, "관세청, 지난 10년간 수출입 성과와 2010년 수출입 7대 키워드 발표" 중에서 "홍콩 등 제3국 경유 수출실적까지 포함할 경우 실제 중국 비중은 30퍼센트를 넘어설 것으로 예상. 한중 세관 당국 간 무역통계조정회의 개최 결과(10.4) '09년 중 제3국을 경유하여 중국으로 수출된 금액은 228억 불에 달하는 것으로 나타남"

30_ MBC 〈PD수첩〉 2011년 2월 15일자, "기로에 선 한중 외교"

31_ 이와 관련해, 오승렬(2010:7−8)은 중국 측의 세관 통계에 근거한 중조 무역수지 통계의 모호성, 각종 제도상의 회색지대가 존재하는 중국의 국경무역을

고려할 때, 적어도 외형상의 무역수지가 북한과 중국의 무역 관계를 정확하게 반영하고 있다고 보기는 어렵다고 분석한다. 또 이종운(2009:7-8)은 북중 국경지역에서 관행화되어 있는 다양한 비공식적 거래 방식을 고려할 때, 중조 교역 규모는 공식적인 통계보다 훨씬 클 것으로 판단한다. 이러한 조건 아래 실질적인 중조 무역 가운데 특히 변경(국경)무역의 규모는 통계치의 두 배를 웃돌 것이라는 지적도 나온다(손수윤 2007:36).

32_ 김광억(2008)

33_ 이희범(2007:1)

34_ 이재호(2010:34)

35_ 손수윤(2007:12)

36_ 이석기(2006:52-53)

37_ 장경섭(2008:62)

38_ 『시사저널』 2010년 6월 16일자, "패닉 상태에 빠진 대북 무역"

39_ 『연합뉴스』 2011년 5월 11일자, "日경찰, 北에서 의류 위장수입 5명 체포"

40_ 고미숙 역(2008)

41_ Anderson(1983)에 따르면 과거의 어느 형태의 지도도 동남아시아의 국경을 표시하지 않았다. 하지만 유럽식민주의자들이 국경을 기획한 지도가 대량의 인쇄 과정을 통해 보급되면서 동남아인의 상상을 빚어내기 시작하였다. 즉 그들은 한정된 영토 공간으로 상상된 나라를 인식하기 시작했던 것이다.

42_ KBS2〈1박 2일〉2008년 7월 8일자, "백두산을 가다 2탄" 방송중 이런 말이 나온다. "강 중앙이 가상의 상징적인 국경선, 북한 땅을 밟지는 않았지만, 실제로 상징적 국경 표시가 강 중앙에 되어 있습니다. 압록강 정중앙, 이 선을 넘으면, 상징적으로 북한 땅을 건너는 것입니다. 우리 다 함께, 넘어봅시다. 상징적으로 북한 땅을 건너는 경계를 넘어 북한쪽 영토로"

43_ 이현작(2007)

44_ 박선영(2003a)

45_ 간도間島는 시대나 국가에 따라 설정하는 범주도 일정하지 않고 명칭에 대해서도 다양한 설이 있다. 그 가운데 광의의 차원에서 간도는 압록강과 두만강 대안의 광대한 지역을 의미한다(박선영, 2004). 한편 임지현(2004:27)은 청과

조선 사이에 끼인 섬이라는 의미에서 간도의 명칭의 유래를 설명한다. 그리고 중국 측은 간도의 위치를 경도 129도 46분 39초, 129도 46분 49초이고 위도가 42도 45분 40초, 42도 45분 49초이며, 총면적이 4만3800평방미터인 무인도로 간주하고 있다(박선영 2005:209).

46_ 은정태(2009)

47_ 남의현(2008)

48_ 박선영(2003);구범진(2009);송용덕(2009)

49_ 노계현(2001)

50_ 김춘선(2002)

51_ 박선영(2005);이현작(2007);한명섭(2011)

52_ KBS1 〈시사기획〉 2010년 12월 7일자, "3대 세습, 그들은 탈북한다"

53_ Boorstin(1992), 박준규(2006)에서 재인용.

54_「조선닷컴」 2011년 7월 19일자, "의원 12명이 월북? 알고 보니 유람선 답사" 중에서 "오른쪽으로 갈 줄 알았던 배가 왼쪽으로 방향을 틀었다. 여기저기서 수군거렸다. '전쟁나면 바로 포로 되는 거 아니야.' '이거 단체 월북이네.' 농담이었지만 긴장감이 배어 있었다. 좌左도 북한이었고 우右도 북한이었다. (…) 단체로 월북했다 무사 귀환한 여야 의원들은 모두 상기된 표정이었다."

55_ 김광억(1997)

56_ 왕한석(1997:188)

57_ Kearney(1998)

58_ 유철인(1997:55)

59_「조선닷컴」 2007년 5월 31일자, "중 단둥, 첩보도시 이미지 벗고 국제도시로" 중 "단둥은 한국, 미국, 일본 등 각국 정보기관들이 치열한 대북 첩보전을 벌이는 곳. 동시에 이에 대응하려는 북한과 중국의 방첩 활동까지 가세하면서 세계에서도 손꼽히는 첩보전쟁의 최전선으로 부상했다"를 참고.

60_『중앙일보』 2004년 4월 26일자, "北 용천역 폭발 참사, 北-中 국경 단둥 르포", 그 외에 『경향신문』 2004년 4월 24일자, "北 열차폭발, 北·中 접경 단둥 표정", 『조선일보』 2004년 4월 26일자, "멀어진 압록강의 봄", 『한겨레 21』 2004년 4월 28일자, "단둥엔 아무것도 없었다" 등에서도 북한화교를 통해 용

천사건을 보도하고 있다.

61_ 「오마이뉴스」 2010년 11월 20일자, "(사)어린이어깨동무 신의주 방문, 식량이 필요합니다" 중에서 "지난 11월 11일, (사)어린이어깨동무 황윤옥 사무총장과 북한대학원대학교 이우영 교수 등 4명의 방문단이 올여름 수해를 겪은 신의 주에 다녀왔다" 참조.

62_ YTN 2010년 3월 28일자, "중국 단둥: 김정일 방중 징후 아직 없어" 중 "김 위원장의 방중 길목으로 유력한 단둥에서는 아직까지 이렇다 할 징후가 포착 되지는 않고 있습니다. 단둥에서 압록강 건너편의 신의주는 손에 닿을 듯 가 깝습니다. 북한 주민들이 고기를 잡기 위해 그물을 치고 있습니다. (…) 단둥 에 집결돼 있는 취재진들의 눈초리도 김 위원장에게는 부담입니다" 참조.

63_ KBS 1 2011년 2월 25일자, "흥미 좇는 북한 보도"

64_ 「머니투데이」 2011년 12월 21일자, "김정일 사망, 조화 없어서 못 팔아요"

65_ 고승효(1993);박노자(2002:77-78);장하준(2007:129-130)

66_ 「조선일보」 2002년 10월 3일자, "중 단둥, 북한 자본주의의 창"

67_ 「조선일보」 2005년 6월 25일자, "단둥과 신의주 그리고 하늘과 땅"

68_ 신상진(1995); 장동민(2010)

69_ 이상직·박창호(2002)

70_ 한국의 송도 국제도시가 53.4제곱킬로미터를 개발한다. 단둥의 신도시 개발 면적은 61.8제곱킬로미터이고, 수용 계획 인구는 40만 명이다.

71_ 「경향신문」 2009년 9월 22일자, "中 단둥, 항구도시를 꿈꾸다" 중 "2006년 중 앙정부가 단둥을 랴오닝연해경제벨트에 포함시켜 개발시키겠다고 선언한 것이 다. 랴오둥반도를 둘러싼 후루다오, 진저우, 잉커우, 다롄, 단둥 등 5개 도시 를 하나의 경제권으로 묶는다는 이른바 '5점1선' 정책이다. 이듬해 단둥 시와 압록강 하구의 항구 단둥 항을 연결하는 '단둥임항산업원구(단지)' 계획과 함 께 대대적인 지원책이 발표됐다" 참조.

72_ 「코리아타운」 2006년 11월 24일자, '한국 SK 그룹 대단둥투자 정식 가동'

73_ 「MK 뉴스」 2010년 12월 13일자, '해외 저임금벨트가 무너진다: 중국·동남 아 이어 서남아에서도'

74_ 김주용(2009)

75_ 조광(2001)

76_ 위잉즈(2012:182)

77_ 박명규(2012:25)

강주원, 「남한사회의 구별짓기」, 『웰컴 투 코리아: 북조선 사람들의 남한살이』, 한
　　양대학교출판부, 2006

고승효, 『북한 경제의 이해』, 평민사, 1993

구범진, 「19세기 성경 동변외 산장의 관리와 조·청 공동회초」, 『근대 변경의 형성
　　과 변경민의 삶』, 동북아역사재단, 2009

권숙인, 「차 한 잔에의 초대: 현지조사, 인류학자의 정체성, 한국인의 일본 연구」,
　　『한국문화인류학』 제31집, 1998

김광억, 「총론」, 『중국 요녕성 한인동포의 생활문화』, 국립민속박물관, 1997

───『革命과 改革 속의 中國 農民』, 집문당, 2000

───「중국을 보는 제 3의 눈」, 『중국의 오늘과 내일』, 나남출판, 2003

───「단일민족과 다문화시대」, 김광억 편, 『세상읽기와 세상만들기』, 서울대학
　　교출판부, 2008

김광억 외, 『중국 요녕성 한인동포의 생활문화』, 국립민속박물관, 1997

김종범, 『중국 도시의 이해』, 서울대학교출판부, 2000

김춘선, 「압록·두만강 국경문제에 관한 한·중 양국의 연구동향」, 『한국사학보』 제
　　12호, 2002

김현미, 「중국 조선족의 영국 이주 경험: 한인 타운 거주자의 사례를 중심으로」,
　　『한국문화인류학』 제41권 2호, 2008

남의현, 『명대요동지배정책연구』, 강원대학교출판부, 2008

노계현, 『조선의 영토』, 한국방송통신대학교출판부, 2001

박광성, 「세계화 시대 중국 조선족의 노동력 이동과 사회변화」, 서울대학교 사회학
　　과 박사학위논문, 2006

박노자, 『당신들의 대한민국』, 한겨레신문사, 2002

박명규, 『남북 경계선의 사회학』, 창비, 2012

박선영, 「국민국가, 경계, 민족: 근대 중국의 국경의식을 통해 본 국민국가 형성과

과제」, 『동양사학연구』 81호, 2003

――――「혈맹과 선린우호의 함수관계 사이에 남겨진 국경문제」, 『중국학보』 제
48집, 2003a

――――「근대 동아시아의 국경인식과 간도: 지도에 나타난 한중 국경선 변화를
중심으로」, 『중국사연구』 제32집, 2004

――――「秘密의 解剖: 조선과 중국의 국경 조약을 중심으로」, 『중국사연구』제
38집, 2005

박우 외, 『우리가 만난 한국: 재한 조선족의 구술생애사』, 북코리아, 2012

박준규, 「민족과 국민사이: 금강산 접경지역관광에서 민족경계 넘나들기」, 한국학
중앙연구원 한국학대학원 박사학위논문, 2006

박지원, 『세계 최고의 여행기, 열하일기(상)』, 고미숙·김풍기·길진숙 옮김, 그린비,
2008

손수윤, 「북중 변경무역 향후 전망과 시사점」, 『Global Business Report』 07-022,
KOTRA, 2007

송용덕, 「고려후기 邊境地域 변동과 압록강 沿邊認識의 형성」, 『역사학보』 제
201집, 역사학보, 2009

신상진, 「북중 경제관계의 현황과 전망」, 『통일경제』 7월호, 1995

양영균, 「베이징 거주 조선족의 정체성과 민족관계」, 『해외한인의 민족관계』, 아카
넷, 2006

오승렬, 「북·중 경제관계의 구조와 정치경제적 함의에 관한 소고」, 『북한연구학회
보』 제14권 1호, 2010

왕한석, 「언어생활」, 『중국 요녕성 한인동포의 생활문화』, 국립민속박물관, 1997

위잉즈, 「랴오닝 연해경제벨트 개발·개방과 북·중 경제 협력」, 『남·북·중 경제 협
력과 동북아 평화』, 인천-단둥-한겨레 서해 협력 포럼, 2012

유철인, 「이주역사와 정착배경」, 『중국 요녕성 한인동포의 생활문화』, 국립민속박
물관, 1997

윤택림, 『문화와 역사 연구를 위한 질적연구 방법론』, 아르케, 2004

은정태, 「대한제국기 간도 정책 추진의 조건과 내·외부의 갈등」, 『근대 변경의 형
성과 변경민의 삶』, 동북아역사재단, 2009

이동진, 「방법으로서의 만주: 변경 만주와 지역협력」, 『중국 동북 연구: 방법과 동향』, 동북아역사재단, 2010

이상직·박창호, 『중국 인천단동산업단지 입주기업 지원 방안: 한중 교류센터 연구보고서』, 인천발전연구원, 2002

이석기, 「남북경협 15년의 평가와 과제」, 『KIET 산업경제』 10월, 2006

이옥희, 『북·중 접경지역: 전환기 북·중 접경지역의 도시네트워크』, 푸른길, 2011

이용숙 외, 『인류학 민족지 연구 어떻게 할 것인가』, 일조각, 2012

이종운, 「북중 접경지역 중국업체의 대북 거래관행 분석」, 『KIEP 오늘의 세계경제』 제9-27호, 2009

이재호, 「남북한 유형별 교역구조의 변화와 시사점」, 『KDI 북한경제리뷰』 8월호, 2010

이찬우, 「동북아시아 물류시스템 현황과 효율적인 연계 방안」, 『통일경제』 4월호, 1999

이철, 「남북 및 동북아 철도 연결과 경제협력」, 『21세기 동북아미래포럼』, 현대경제연구원, 2006

이현작, 「조중 국경조약체제에 관한 국제법적 고찰」, 『國際法學會論叢』 제52권 3호, 2007

이희범, 「남북교역 현황과 활성화 전략」, 『21세기 동북아미래포럼』, 현대경제연구원, 2007

임수호, 「북·중 경제밀착의 배경과 시사점」, 『Issue Paper』 10월호, 삼성경제연구소, 2010

임지현, 「고구려사의 딜레마-국가주권과 역사주권의 사이에서」, 임지현 편, 『근대의 국경 역사의 변경』, 휴머니스트, 2004

장경섭, 「북한 및 중국의 산업구조와 경제관계」, 『북한-중국 간 사회·경제적 연결망의 형성과 구조』, 서울대 통일평화연구소 통일학 연구, 2008

장둥민, 「중국과 북한의 경제무역관계 회고와 전망」, 『동아시아 평화와 초국경 협력』, 동북역사재단 국제학술회의 자료집, 2010

장하준, 『그들이 말하지 않는 23가지』, 부키, 2010

조경진, 「칠레 이끼께 자유무역 지대에서의 감시문화와 도덕경제의 문제」, 『비교문

화연구』 제11권 2호, 2005

크리스 윌리엄스, 「변경에서 바라보다-근대 서유럽의 국경과 변경」, 임지현 편,
　　『근대의 국경 역사의 변경』, 휴머니스트, 2004

테사 모리스-스즈키, 『변경에서 바라본 근대』, 임성모 옮김, 산처럼, 2006

한명섭, 「남북통일과 북한이 체결한 국경조약의 승계」, 리컬플러스, 2011

한비야, 『한비야의 중국견문록』, 푸른숲, 2001

황석영, 『강남몽』, 창비, 2010

Anderson, B., *Imagined Communities: Reflections on the Origins and Spread of
　　Nationalism*, london: Verso, 1983

Boorstin, D., *The Image: A Guide to Pseudo-Events in America*, New York: Vin-
　　tage Books, 1992

Donnan, H.,& Wilson, T., "An Anthropology of Frontiers," in Hastings Don-
　　nan and Thomas M. Wilson(eds.), *Border Approaches: Anthropological
　　Perspectives on Frontiers*, Lanham: University Press of America, 1994

Kearney, M., "Transnationalism in California and Mexico at the end of Empire,"
　　in Hastings Donnan and Thomas M. Wilson(eds.), *Border identities:
　　Nation and State at international frontiers*, Cambridge: Cambridge Uni-
　　versity Press, 1998

Rosaldo, R., *Culture and Truth: The Remaking of Social Analysis*, Boston, MA:
　　Beacon Press, 1989

『경향신문』 2004년 4월 24일자, "北 열차폭발, 北·中 접경 단둥 표정"

『경향신문』 2009년 9월 22일자, "中 단둥, 항구도시를 꿈꾸다: 압록강에 부는 개
　　발 바람, 북 닫힌 문 열까"

『뉴스와이어』 2011년 1월 6일자, "관세청, 지난 10년간 수출입 성과와 2010년 수
　　출입 7대 키워드 발표"

『머니투데이』 2011년 12월 21일자, "김정일 사망, 조화 없어서 못 팔아요"

『시사저널』 2011년 1월 6일자, "중국, 북한 경제 접수 속도 내다"

『시사저널』 2011년 6월 16일자, "패닉 상태에 빠진 대북 무역"

『연합뉴스』 2011년 5월 11일자, "日경찰, 北에서 의료 위장수입 5명 체포"

『연합뉴스』 2007년 11월 9일자, "EU, 중·동 유럽 9개국에 내달 21일부터 국경 개방"

「조선닷컴」 2007년 5월 31일자, "중 단둥, 첩보도시 이미지 벗고 국제도시로"

「조선닷컴」 2011년 7월 19일자, "의원 12명이 월북? 알고 보니 유람선 답사"

『조선일보』 2002년 10월 3일자, "중 단둥, 북한 자본주의의 창"

『조선일보』 2004년 4월 26일자, "멀어진 압록강의 봄"

『조선일보』 2005년 6월 25일자, "단둥과 신의주 그리고 하늘과 땅"

『중앙일보』 2004년 4월 26일자, "北 용천역 폭발 참사, 北-中 국경 단둥 르포"

「오마이뉴스」 2010년 11월 20일자, "(사)어린이어깨동무 신의주 방문, 식량이 필요합
　　　니다"

「코리아타운」 2006년 11월 24일자, "한국 SK그룹 대단둥투자 정식 가동"

『한겨레 21』 2004년 4월 28일자, "단둥엔 아무것도 없었다"

『한국경제』 2011년 1월 5일자, "북한도 한류 열풍… 올인, 겨울 연가 인기리 유통"

「MK 뉴스」 2010년 12월 13일자, "해외 저임금벨트가 무너진다: 중국·동남아 이
　　　어 서남아에서도"

KBS1 〈시사기획〉 2010년 12월 7일자, "3대 세습, 그들은 탈북한다"

KBS1 2011년 2월 25일자, "흥미 좇는 북한 보도"

KBS2 〈1박2일〉 2008년 7월 8일자, "백두산을 가다 2탄"

MBC 〈PD수첩〉 2011년 2월 15일자, "기로에 선 한중 외교"

YTN 2010년 3월 28일자, "중국 단둥: 김정일 방중 징후 아직 없어"

아케이드 프로젝트 003
나는 오늘도 국경을 만들고 허문다
ⓒ 강주원 2013

1판 1쇄 | 2013년 10월 7일
1판 4쇄 | 2015년 2월 12일

지은이 | 강주원
펴낸이 | 강성민
편 집 | 이은혜 박민수 이두루 곽우정
마케팅 | 정민호 이연실 정현민 지문희 김주원
온라인 마케팅 | 김희숙 김상만 한수진 이천희

펴낸곳 | (주)글항아리 출판등록 | 2009년 1월 19일 제406-2009-000002호

주 소 | 413-120 경기도 파주시 회동길 210
전자우편 | bookpot@hanmail.net
전화번호 | 031-955-8891(마케팅) | 031-955-1934(편집부)
팩 스 | 031-955-2557

ISBN   978-89-6735-077-2 03300